다락원 일본어 독해

초급

　本書は、初級段階の学習者のための総合型読解用教科書です。この教科書では、読むことに加え、本文の中で新しい文型や語彙を学び、書く練習や聞く練習を通してそれを身につけることを目指しています。

　各課のトピックには、日本の食べ物やバス、お風呂といった身近なものから、日本の昔話や消費税、少年犯罪のような社会問題まで、学習者の関心を引くために幅広いテーマを取り入れました。課の配列は基本的に、身近なテーマからより社会的・一般的なテーマへと並べてありますが、どの課から進めても構いません。授業の目的やカリキュラムに合わせて、自由に使ってください。

　課の構成は、導入部(課のタイトル・説明・主要文型)、本文、読解問題、本文中の単語や表現一覧、文型練習(説明・例文・単語や表現)、文法練習問題、会話文(聴解問題)となっています。文型説明や単語説明には韓国語での説明や対訳が付いていますから、初級の学習者も、それを参考にしながら問題に取り組むことができます。また、会話文では友人や同僚同士での会話を想定し、話し言葉やくだけた表現も多く使っています。

　本文や練習問題の文型・語彙は、日本語能力検定(JLPT)N3～N4を中心に採用しました。難しい漢字には読みがなが付いていますが、文字の下にルビを振っているので、それを隠しながら読むことで漢字の練習もできます。

　楽しみながら学習することができるよう、さまざまな工夫の詰まった一冊です。この教科書が韓国の学習者たちの日本語学習、そして日本語教育にとっての一助となることを願います。最後に、本書の編集・出版にあたりご尽力いただいた多楽園の皆様に、心より感謝申し上げます。

2012年 8月

著者一同

본 교재는 초급 단계의 학습자를 위한 종합형 독해 교재입니다. 이 교재에서는 읽는 것에 더하여, 본문 안에서 새로운 문형이나 어휘를 공부하고, 쓰는 연습이나 듣는 연습을 통해 그것을 익히는 것을 목적으로 하고 있습니다.

각 과의 토픽에는 일본의 음식이나 버스, 목욕이라는 우리 생활에 가까운 주제부터, 일본의 옛날이야기나 소비세, 소년 범죄와 같은 사회문제까지, 학습자의 관심을 끌기 위해서 폭넓은 테마를 도입하였습니다. 과의 배열은 기본적으로 우리 생활과 가까운 테마부터 보다 사회적이고 일반적인 테마로 나열되어 있습니다만, 어느 과부터 시작해도 상관없습니다. 수업의 목적이나 커리큘럼에 맞추어 자유롭게 사용해 주세요.

과의 구성은 도입부(과의 표제·설명·주요문형), 본문, 독해문제, 본문 안의 단어나 표현 일람, 문형연습(설명·예문·단어나 표현), 문법 연습문제, 회화문(청해문제)으로 되어 있습니다. 문형 설명이나 단어 설명에는 한국어로 된 설명이나 대역이 달려 있기 때문에, 초급 학습자도 그것을 참고로 하면서 문제에 임할 수 있습니다. 또한 회화문에서는 친구나 동료끼리의 대화를 상정하여 회화체나 반말체 표현도 많이 사용하고 있습니다.

본문이나 연습문제의 문형·어휘는 일본어능력시험(JLPT) N3~N4를 중심으로 채용했습니다. 어려운 한자에는 읽는 법이 달려 있지만, 글자 아래에 있기 때문에, 그것을 가리면서 읽음으로써 한자 연습도 가능합니다.

즐겁게 학습할 수 있도록 다양한 연구가 집약된 교재입니다. 이 교재가 한국 학습자들의 일본어 학습, 그리고 일본어 교육에 있어서 일조가 되기를 바랍니다. 마지막으로 본서의 편집·출판에 있어 힘써 주신 다락원의 관계자 여러분께 진심으로 감사드립니다.

2012년 8월

저자 일동

차례

1 **お酒** 술 9
   주요문형 | いくら〜ても / 〜なければならない・〜なくてはいけない / 〜ず(に)

2 **大阪** 오사카 17
   おおさか
   주요문형 | 〜ことができる / 〜ほど〜ない / 〜ばかり

3 **花見** 벚꽃놀이 25
   はなみ
   주요문형 | 〜たことがある / 〜だけ / 〜すぎる

4 **バス** 버스 33
   주요문형 | 〜ても・〜でも / 〜か / 〜てみる

5 **ダイエット** 다이어트 41
   주요문형 | 〜かもしれない / 〜てはいけない / 〜にくい

6 **すし** 초밥 49
   주요문형 | 〜れる・〜られる / 〜でも / 〜やすい

7 **部活動** 동아리 활동 57
   ぶかつどう
   주요문형 | 〜なくてもいい / 〜ほうがいい / 〜ために

8 **お弁当** 도시락 65
   べんとう
   주요문형 | 동사의 가능형 / 〜ています / 〜し

9 **お風呂** 목욕 73
   ふろ
   주요문형 | 〜おわる / 〜てしまう / 〜(た)まま

10 **ことわざ** 속담 81
   주요문형 | 〜はずがない / 〜ということ / 〜も

11	夏祭り 여름 마쓰리	89

주요문형 | ～てくる / ～かた / ～てもいい

12	若者言葉 젊은이 말	97

주요문형 | ～だす / ～なくてもかまわない / ～かどうか

13	住宅 주택	105

주요문형 | ～たがる / ～さ / ～のだ

14	出前 요리 배달	113

주요문형 | ～に / ～そうだ / ～ておく

15	歩きたばこ 보행 흡연	121

주요문형 | ～つづける / ～(さ)せられる / ～(さ)せる

16	消費税 소비세	129

주요문형 | ～ことになる・～ことになっている / ～ようとする / ～は～より

17	サルカニ合戦 원숭이 게 전투	137

주요문형 | ～ことにする / やる / 동사의 명령형

18	ハッピーマンデー 해피먼데이	145

주요문형 | ～としたら / ～のに / ～でしょう・～だろう

19	少年犯罪 소년 범죄	153

주요문형 | ～ないわけにはいかない / ～というより / ～はずだ

20	イチロー 이치로	161

주요문형 | ～ようになる / ～として / ～かける

부록 169

독해문제 정답 / 연습문제 정답 / 회화 괄호 넣기 정답

이 책의 구성과 학습 방법

「다락원 일본어 독해 -초급-」은 총 20과로 구성되어 있으며, 각 과에는 주요문형/본문/독해문제/문형연습/연습문제/회화로 이루어져 있습니다.

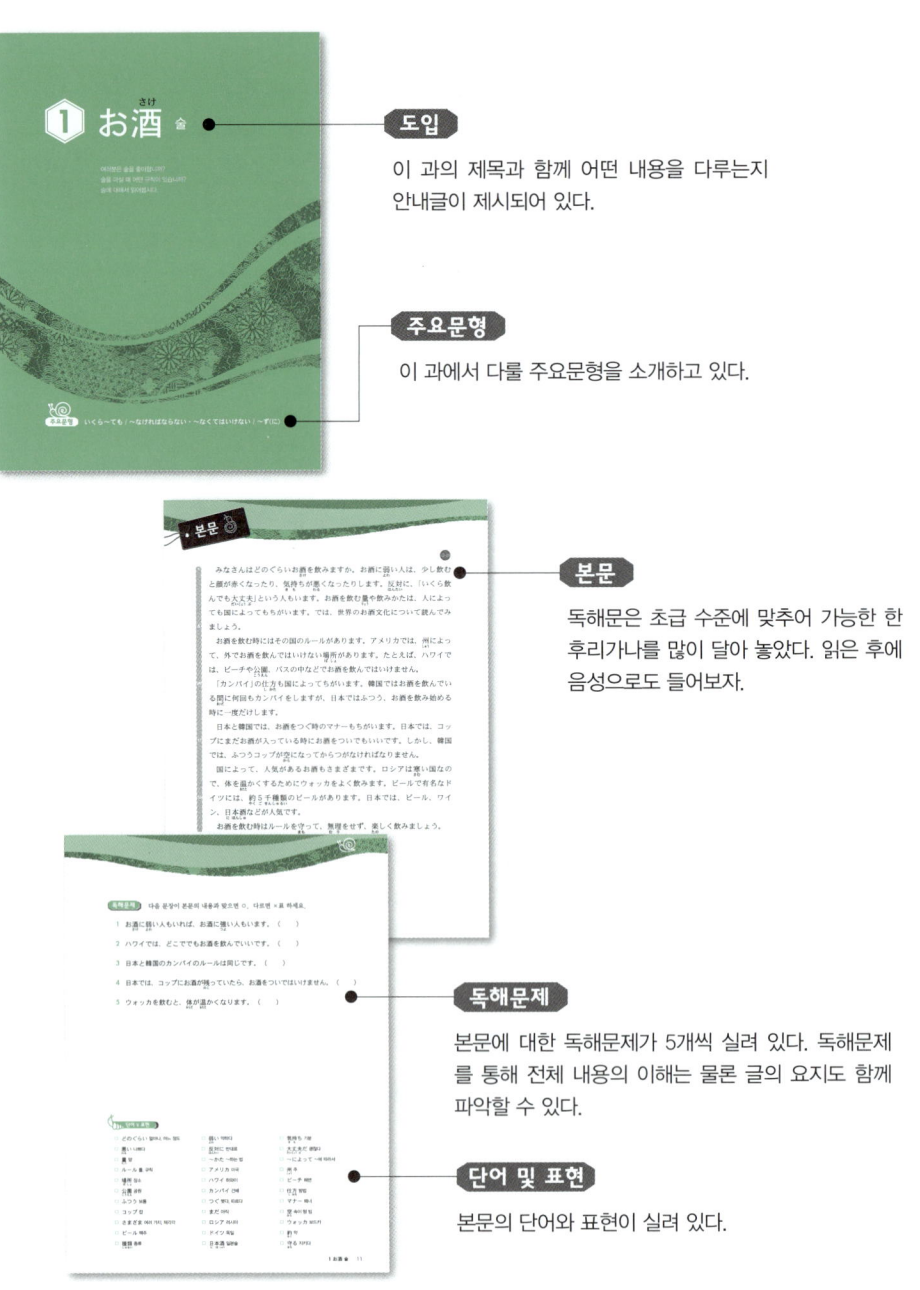

도입
이 과의 제목과 함께 어떤 내용을 다루는지 안내글이 제시되어 있다.

주요문형
이 과에서 다룰 주요문형을 소개하고 있다.

본문
독해문은 초급 수준에 맞추어 가능한 한 후리가나를 많이 달아 놓았다. 읽은 후에 음성으로도 들어보자.

독해문제
본문에 대한 독해문제가 5개씩 실려 있다. 독해문제를 통해 전체 내용의 이해는 물론 글의 요지도 함께 파악할 수 있다.

단어 및 표현
본문의 단어와 표현이 실려 있다.

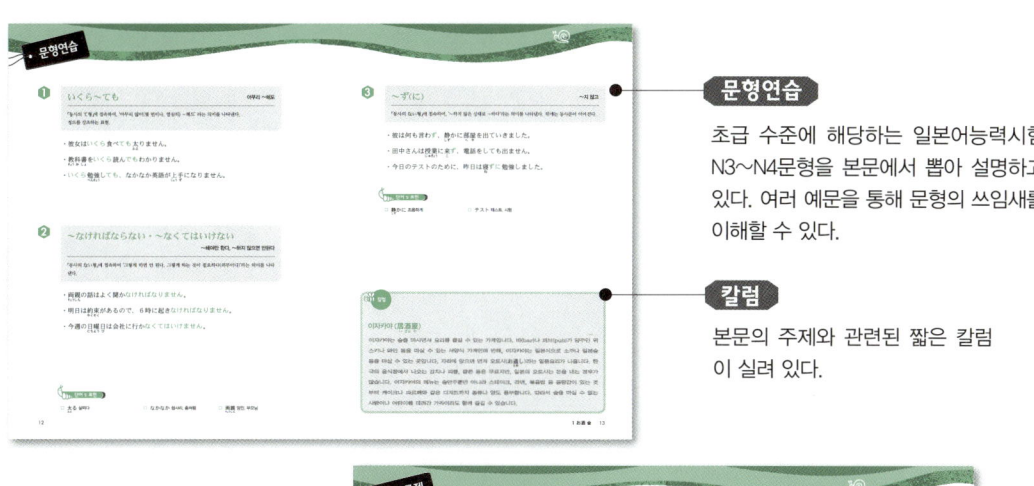

문형연습
초급 수준에 해당하는 일본어능력시험 N3~N4문형을 본문에서 뽑아 설명하고 있다. 여러 예문을 통해 문형의 쓰임새를 이해할 수 있다.

칼럼
본문의 주제와 관련된 짧은 칼럼이 실려 있다.

연습문제
「문형」과 「단어의 쓰임새」로 파트를 나누어 연습 문제를 두고 있다. 앞에서 다룬 문형과 단어를 활용할 수 있는지 문제를 통해 확인할 수 있다.

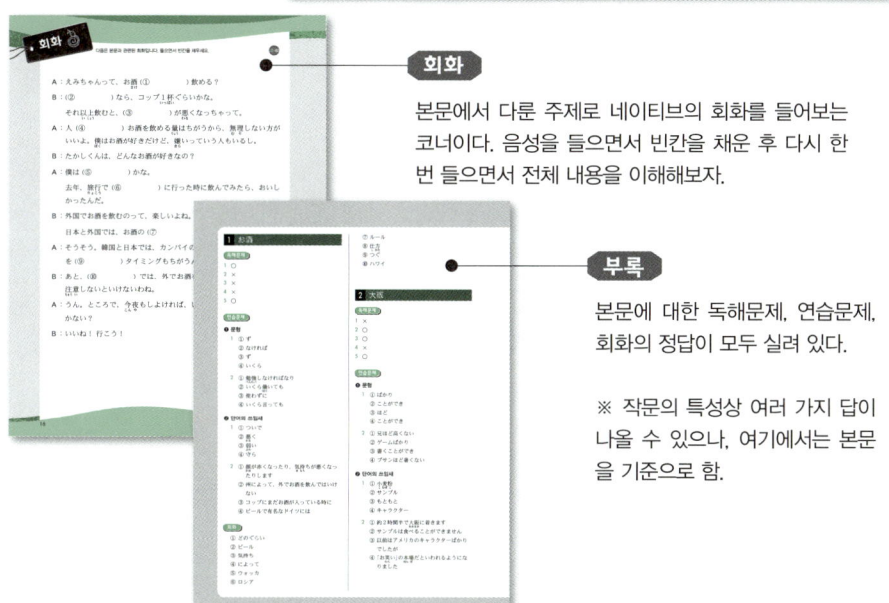

회화
본문에서 다룬 주제로 네이티브의 회화를 들어보는 코너이다. 음성을 들으면서 빈칸을 채운 후 다시 한 번 들으면서 전체 내용을 이해해보자.

부록
본문에 대한 독해문제, 연습문제, 회화의 정답이 모두 실려 있다.

※ 작문의 특성상 여러 가지 답이 나올 수 있으나, 여기에서는 본문을 기준으로 함.

① お酒 술
さけ

여러분은 술을 좋아합니까?
술을 마실 때 어떤 규칙이 있습니까?
술에 대해서 읽어봅시다.

주요문형 いくら〜ても / 〜なければならない・〜なくてはいけない / 〜ず(に)

본문

　みなさんはどのぐらいお酒を飲みますか。お酒に弱い人は、少し飲むと顔が赤くなったり、気持ちが悪くなったりします。反対に、「いくら飲んでも大丈夫」という人もいます。お酒を飲む量や飲みかたは、人によっても国によってもちがいます。では、世界のお酒文化について読んでみましょう。

　お酒を飲む時にはその国のルールがあります。アメリカでは、州によって、外でお酒を飲んではいけない場所があります。たとえば、ハワイでは、ビーチや公園、バスの中などでお酒を飲んではいけません。

　「カンパイ」の仕方も国によってちがいます。韓国ではお酒を飲んでいる間に何回もカンパイをしますが、日本ではふつう、お酒を飲み始める時に一度だけします。

　日本と韓国では、お酒をつぐ時のマナーもちがいます。日本では、コップにまだお酒が入っている時にお酒をついでもいいです。しかし、韓国では、ふつうコップが空になってからつがなければなりません。

　国によって、人気があるお酒もさまざまです。ロシアは寒い国なので、体を温かくするためにウォッカをよく飲みます。ビールで有名なドイツには、約5千種類のビールがあります。日本では、ビール、ワイン、日本酒などが人気です。

　お酒を飲む時はルールを守って、無理をせず、楽しく飲みましょう。

독해문제 다음 문장이 본문의 내용과 맞으면 ○, 다르면 ×표 하세요.

1 お酒に弱い人もいれば、お酒に強い人もいます。（　　）

2 ハワイでは、どこででもお酒を飲んでいいです。（　　）

3 日本と韓国のカンパイのルールは同じです。（　　）

4 日本では、コップにお酒が残っていたら、お酒をついではいけません。（　　）

5 ウォッカを飲むと、体が温かくなります。（　　）

단어 및 표현

- どのぐらい 얼마나, 어느 정도
- 反対に 반대로
- ～かた ～하는 법
- アメリカ 미국
- ハワイ 하와이
- カンパイ 건배
- つぐ 붓다, 따르다
- まだ 아직
- ロシア 러시아
- ドイツ 독일
- 日本酒 일본술

- 弱い 약하다
- 大丈夫だ 괜찮다
- ～によって ～에 따라서
- 州 주
- ビーチ 해변
- 仕方 방법
- マナー 매너
- 空 속이 텅 빔
- ウォッカ 보드카
- 約 약
- 守る 지키다

- 気持ちが悪い 기분이 나쁘다, 속이 안 좋다
- 量 양
- ルール 룰, 규칙
- 場所 장소
- 公園 공원
- ふつう 보통
- コップ 컵
- さまざま 여러 가지, 제각각
- ビール 맥주
- 種類 종류

문형연습

1 いくら〜ても　　　　　　　　　　　　　　아무리 〜해도

「동사의 て형」에 접속하여, '아무리 많이(몇 번이나, 열심히) 〜해도' 라는 의미를 나타낸다. 정도를 강조하는 표현.

- 彼女はいくら食べても太りません。
- 教科書をいくら読んでもわかりません。
- いくら勉強しても、なかなか英語が上手になりません。

2 〜なければならない・〜なくてはいけない

〜해야만 한다, 〜하지 않으면 안된다

「동사의 ない형」에 접속하여 '그렇게 하면 안 된다, 그렇게 하는 것이 필요하다(의무이다)'라는 의미를 나타낸다.

- 両親の話はよく聞かなければなりません。
- 明日は約束があるので、6時に起きなければなりません。
- 今週の日曜日は会社に行かなくてはいけません。

 단어 및 표현

- □ 太る 살찌다
- □ なかなか 쉽사리, 좀처럼
- □ 両親 양친, 부모님

③ ～ず(に)　　　　　　　　　　　　　　　　　　　　　～지 않고

「동사의 ない형」에 접속하여, '～하지 않은 상태로 ～하다'라는 의미를 나타낸다. 뒤에는 동사문이 이어진다.

・彼は何も言わ**ず**、静かに部屋を出ていきました。

・田中さんは授業に来**ず**、電話をしても出ません。

・今日のテストのために、昨日は寝**ずに**勉強しました。

 단어 및 표현

- 静かに 조용하게
- テスト 테스트, 시험

 칼럼

이자카야(居酒屋)

이자카야는 술을 마시면서 요리를 즐길 수 있는 가게입니다. 바(bar)나 퍼브(pub)가 양주인 위스키나 와인 등을 마실 수 있는 서양식 가게인데 반해, 이자카야는 일본식으로 소주나 일본술 등을 마실 수 있는 곳입니다. 자리에 앉으면 먼저 오토시(お通し)라는 일품요리가 나옵니다. 한국의 음식점에서 나오는 김치나 피클, 팝콘 등은 무료지만, 일본의 오토시는 돈을 내는 경우가 많습니다. 이자카야의 메뉴는 술안주뿐만 아니라 스테이크, 라면, 볶음밥 등 중량감이 있는 것부터 케이크나 파르페와 같은 디저트까지 종류나 양도 풍부합니다. 따라서 술을 마실 수 없는 사람이나 어린이를 데려간 가족이라도 함께 즐길 수 있습니다.

연습문제

1 文型

1 ☐の中の言葉を使って文を完成させなさい。

> いくら　　なければ　　ず

① 彼はお酒を飲ま（　　　　　）に帰りました。

② 韓国では、コップが空になってからつが（　　　　　）なりません。

③ お酒を飲む時は、無理をせ（　　　　　）、楽しく飲みましょう。

④ お酒を（　　　　　）飲んでも大丈夫という人もいます。

2 ☐の中の言葉と（　）の言葉を使って、文を完成させなさい。

> いくら～ても　　～なければならない　　～ずに

① 留学に行きたいなら、もっと日本語を（勉強する → 　　　　　）ません。

② 今月はとても忙しくて、（働く → 　　　　　）仕事が終わりません。

③ あまりお金を（使う → 　　　　　）生活したいです。

④ 「勉強しなさい」と（言う → 　　　　　）、弟は勉強しません。

2 ことばの使い方

1 ＿＿＿ の中のことばを一つ選んで、適当な形にして ＿＿＿ に書きなさい。

　　　　弱い　　　つぐ　　　悪い　　　さまざま　　　守る

❶ ウェイターがグラスにワインを＿＿＿＿くれました。

❷ 目が＿＿＿＿なったので、メガネを買いました。

❸ 子どもは力が＿＿＿＿ので、そのドアを開けられません。

❹ 道を渡る時は、信号を＿＿＿＿なければなりません。
　　わた　　　　　　しんごう

2 次のことばを使って ＿＿＿ の短文を作りなさい。

❶ 술에 약한 사람은 조금 마시면 **얼굴이 빨개지거나 기분이 나빠지거나 합니다.** (気持ち、悪い)
　　　　　　　　　　　　　　　　　　　　　　　　　　　　　　　　　　　　　き　も

→ お酒に弱い人は、少し飲むと ＿＿＿＿＿＿＿＿＿＿＿＿＿＿＿＿＿＿＿。

❷ 미국에서는 **주에 따라서** 밖에서 술을 마시면 안되는 장소가 있습니다. (州、によって)
　　　　　　　　　　　　　　　　　　　　　　　　　　　　　　　　　　　しゅう

→ アメリカでは、＿＿＿＿＿＿＿＿＿＿＿＿＿＿＿＿＿＿＿場所があります。

❸ 일본에서는 **컵에 아직 술이 들어 있을 때에** 술을 따라도 됩니다. (コップ、まだ)

→ 日本では、＿＿＿＿＿＿＿＿＿＿＿＿＿＿＿＿お酒をついでもいいです。

❹ 맥주로 유명한 독일에는 5천 종류 정도의 맥주가 있습니다. (ビール、ドイツ)

→ ＿＿＿＿＿＿＿＿＿＿＿＿＿＿＿＿＿、5千種類ぐらいのビールがあります。
　　　　　　　　　　　　　　　　　　　　　　しゅるい

회화

다음은 본문과 관련된 회화입니다. 들으면서 빈칸을 채우세요.

A : えみちゃんって、お酒（①　　　　）飲める？

B :（②　　　　）なら、コップ１杯ぐらいかな。

それ以上飲むと、（③　　　　）が悪くなっちゃって。

A : 人（④　　　　）お酒を飲める量はちがうから、無理しない方がいいよ。僕はお酒が好きだけど、嫌いっていう人もいるし。

B : たかしくんは、どんなお酒が好きなの？

A : 僕は（⑤　　　　）かな。

去年、旅行で（⑥　　　　）に行った時に飲んでみたら、おいしかったんだ。

B : 外国でお酒を飲むのって、楽しいよね。

日本と外国では、お酒の（⑦　　　　）もちがうから。

A : そうそう。韓国と日本では、カンパイの（⑧　　　　）や、お酒を（⑨　　　　）タイミングもちがうんだよ。

B : あと、（⑩　　　　）では、外でお酒を飲んではいけないから、注意しないといけないわね。

A : うん。ところで、今夜もしよければ、いっしょにお酒を飲みに行かない？

B : いいね！行こう！

② 大阪 오사카
おお さか

여러분은 오사카에 간 적이 있습니까?
오사카의 음식이나 명소에 대해서 알고 있습니까?
오사카에 대해서 읽어봅시다.

주요문형　～ことができる / ～ほど～ない / ～ばかり

본문

　大阪府は、日本の西のほうにあります。東京から新幹線に乗ると、約2時間半で大阪に着きます。空港や港もあって、電車でも飛行機でも船でも行くことができるので、旅行でも行きやすいところです。

　大阪の食べ物は、たこ焼きやお好み焼きが有名です。どちらも小麦粉で作るので、「粉もん」と呼ばれます。「もん」は大阪の言葉で、「もの」という意味です。大阪には、「コナモンミュージアム」という場所があります。そこでは、たこ焼きのサンプルを作ることができます。サンプルは、ロウソクの原料のロウで作るので、食べることができません。

　大阪には、「ユニバーサル・スタジオ・ジャパン」という遊園地もあります。東京ディズニーランドほど広くありませんが、キャラクターがたくさんいます。以前はアメリカのキャラクターばかりでしたが、最近では、ハローキティなど、日本のキャラクターもいます。

　大阪はもともと商業の町で、ものを売ったり買ったりする時に、みんなで楽しく話をしました。お客さんと仲良くなって、ものをたくさん買ってもらうためには、おもしろい話をすることが必要でした。そのため大阪では「笑い」が重要だと考えられるようになって、「お笑い」の本場だといわれるようになりました。今でも有名なお笑いの劇場がいくつもあります。みなさんも大阪に行ったら、おもしろい舞台を見てみてください。

독해문제 다음 문장이 본문의 내용과 맞으면 ○, 다르면 ×표 하세요.

1 東京から大阪まで、飛行機で約２時間半です。（　　）

2 たこ焼きとお好み焼きは小麦粉から作られます。（　　）

3 ロウで作られたたこ焼きのサンプルは食べることができません。（　　）

4 ユニバーサル・スタジオ・ジャパンは東京ディズニーランドより広いです。
（　　）

5 大阪は「お笑い」の本場なので、おもしろい舞台を見ることができます。
（　　）

단어 및 표현

- 西のほう 서쪽
- 港 항구
- ～やすい ～하기 쉽다
- 言葉 말, 단어
- サンプル 샘플
- ロウ 납, 밀
- 以前 이전
- 商業 상업
- 必要だ 필요하다
- お笑い 만담
- いくつも 몇 개나

- 新幹線 신칸센
- 飛行機 비행기
- 小麦粉 밀가루
- 意味 의미
- ロウソク 양초
- 遊園地 유원지
- 最近 최근
- 町 시가지
- 重要だ 중요하다
- 本場 본고장
- 舞台 무대

- 空港 공항
- 船 배
- 粉 가루
- ミュージアム 뮤지엄, 박물관
- 原料 원료
- キャラクター 캐릭터
- もともと 원래
- 仲良く 사이좋게
- 考える 생각하다
- 劇場 극장

문형연습

1 ～ことができる　　　　　　　　　　　　　　　～할 수 있다

동사의 기본형에 접속하여 능력이나 기술에 따라 할 수 있는 것이나, 상황이나 기회에 따라 가능한 것을 나타낸다.

- 私は韓国語と英語と日本語を話すことができます。
- あの水族館では、イルカのショーを見ることができます。
- スマートフォンで、インターネットを使うことができます。

2 ～ほど～ない　　　　　　　　　　　　　　　～만큼 ～하지 않다

「AはBほど～ない」에서, B를 기준으로 해서 생각하면, A는 B이하 라는 의미를 나타낸다. 「AがBより～」는 단순하게 A와 B를 비교하는 표현이지만, 「AはBほど～ない」는 'A도 B도 ～이지만, 그 중에 비교하자면' 이라는 의미를 포함하는 경우가 있다.

- 今年の冬は去年ほど寒くない。
- 私は彼女ほど歌が上手ではありません。
- 今日のテストは、思っていたほど難しくありませんでした。

 단어 및 표현

- □ 水族館 수족관
- □ イルカ 돌고래
- □ ショー 쇼
- □ スマートフォン 스마트폰

3 〜ばかり　　　　　　　　　　　　　　　　　　　〜만, 〜뿐

'그것뿐으로 다른 것은 없다'는 한정의 의미를 나타낸다. 같은 것만 많이 있는 경우나 같은 것만 몇 번이나 반복하는 경우에 사용된다.

- 彼は勉強しないで遊んでばかりいます。
- 兄は野菜が嫌いで、肉ばかり食べています。
- 最近、雨ばかりです。

단어 및 표현

- 遊ぶ 놀다
- 野菜 채소
- 嫌いだ 싫어하다
- 肉 고기

칼럼

오코노미야키 (お好み焼き)

오코노미야키란 물에 푼 밀가루 반죽에 양배추, 고기, 해산물 등을 넣어서 철판에 구워서, 소스나 마요네즈를 뿌려 먹는 요리입니다. 일본에서는 가정에서도 음식점에서도 인기 있는 메뉴의 하나인데, 굽는 방법이나 재료는 지방마다 차이가 있습니다. 간토(関東)지방의 오코노미야키 가게는 테이블마다 철판을 놓아, 손님이 스스로 구워 먹는 형태가 일반적입니다. 그것에 반해 간사이(関西)지방에서는 굽는 것은 모두 점원이 하고 완제품을 제공하는 형태가 일반적입니다. 또 간사이지방에서는 오코노미야키를 밥반찬이라고 생각하는 사람이 많아서 '오코노미야키 정식'이라는 메뉴가 있는 가게도 있습니다.

연습문제

1 文型

1 ____ の中の言葉を使って文を完成させなさい。

　　　ほど　　　ことができ　　　ばかり

❶ 以前はアメリカのキャラクター（　　　　　）でしたが、今は日本のキャラクターもいます。

❷ 「コナモンミュージアム」では、たこ焼きのサンプルを作る（　　　　　）ます。

❸ ユニバーサル・スタジオ・ジャパンは、東京ディズニーランド（　　　　　）広くありません。

❹ サンプルは、ロウソクの原料のロウで作るので、食べる（　　　　　）ません。

2 ____ の中の言葉と（　）の言葉を使って、文を完成させなさい。

　　　～ほど～ない　　　～ことができる　　　～ばかり

❶ 私も兄も背が高いですが、私は（兄・高い → 　　　　　）です。

❷ 彼女はゲームが大好きで、いつも（ゲーム → 　　　　　）しています。

❸ 自分の名前を漢字で（書く → 　　　　　）ますか。

❹ 夏のソウルは暑いですが、（プサン・暑い → 　　　　　）です。

2 ことばの使い方

1　＿＿＿＿の中のことばを一つ選んで、適当な形にして ＿＿＿＿ に書きなさい。

> 新幹線　　サンプル　　キャラクター　　小麦粉　　もともと

❶ うどんは ＿＿＿＿＿ で作ります。

❷ シャンプーを買ったら、無料の ＿＿＿＿＿ をもらいました。
　　　　　　　　　　　むりょう

❸ 彼女は ＿＿＿＿＿ 運動が嫌いでしたが、マラソンを始めてから、好きになりました。
　　　　　　　　　　　　　　きら

❹ ポロロは韓国でとても有名な ＿＿＿＿＿ です。

2　次のことばを使って ＿＿＿＿ の短文を作りなさい。

❶ 도쿄에서 신칸센을 타면 약 2시간 반이면 오사카에 도착합니다. （大阪、着く）
　　　　　　　　　　　　　　　　　　　　　　　　　　　　　　　　おおさか

　→ 東京から新幹線に乗ると、＿＿＿＿＿＿＿＿＿＿＿＿＿＿＿＿＿＿＿＿＿。
　　とうきょう　しんかんせん

❷ 납 원료로 만드므로 샘플은 먹을 수 없습니다. （サンプル）

　→ ロウの原料で作るので、＿＿＿＿＿＿＿＿＿＿＿＿＿＿＿＿＿＿＿＿＿。

❸ 이전에는 미국의 캐릭터뿐이었습니다만 최근에는 일본의 캐릭터도 있습니다.

（以前、キャラクター、ばかり）
　いぜん

　→ ＿＿＿＿＿＿＿＿＿＿＿＿＿＿＿＿＿＿＿＿、最近では日本のキャラクターもいます。

❹ 오사카는「만담」의 본고장이라고 말해지게 되었습니다. （お笑い、本場）
　　　　　　　　　　　　　　　　　　　　　　　　　　　　　　わら　　ほんば

　→ 大阪は ＿＿＿＿＿＿＿＿＿＿＿＿＿＿＿＿＿＿＿＿＿。
　　おおさか

会話

다음은 본문과 관련된 회화입니다. 들으면서 빈칸을 채우세요.

A：先週、（① 　　　　）で大阪に行ってきたんだ。

B：へぇ。時間はどのぐらいかかった？

A：（② 　　　　）1時間かな。

　　思った（③ 　　　　）遠くなかったよ。

B：大阪では、何をしたの？（④ 　　　　）には行った？

A：時間がなくて、ユニバーサル・スタジオ・ジャパンには行けなかったんだ。でも、コナモンミュージアムっていうところに行ったよ。

B：初めて聞いたわ。コナモンって何？

A：「コナモン」っていうのは「粉もの」、つまり、（⑤ 　　　　）で作るたこ焼きとかお好み焼きのことだよ。ロウソクの（⑥ 　　　　）でたこ焼きの（⑦ 　　　　）を作ることができる場所なんだ。

B：楽しそうなところね。なにか（⑧ 　　　　）は見たの？

A：うん。（⑨ 　　　　）旅行の目的が（⑩ 　　　　）を見ることだったんだ。すごくおもしろかったよ。

B：いいなぁ。今度は私も連れて行ってね！

③ 花見(はなみ) 벚꽃놀이

일본의 벚꽃놀이란 어떤 이벤트일까요?
여러분은 벚꽃놀이를 한 적이 있습니까?
일본의 벚꽃놀이에 대해서 읽어봅시다.

주요문형　～たことがある / ～だけ / ～すぎる

본문

みなさんは、花見をしたことがありますか。日本人が一番好きな花は桜です。春が来たことを喜んで、人々は桜を見に行きます。

桜は、3月の終わりから5月のはじめまで、日本中で見ることができます。3月になると、桜が咲く日を予想して、ニュースで発表します。それを見ながら、人々は桜が咲く日を待ちます。花見の計画は早く立てないといけません。桜は約10日だけ咲いて、すぐに散ってしまうからです。

日本では、3月に卒業式があって、4月に入学式や入社式があります。その時期に桜が咲くので、「卒業式の時に桜が咲いていた」「入学式の時に桜がきれいだった」と、記憶に残るのでしょう。

花見は、桜の花を見るだけではありません。友だちや家族といっしょに、桜の下でお弁当を食べたり、お酒を飲んだりします。また、夜に花見をすることを「夜桜見物」といいます。ライトアップされた桜も、とても美しいです。しかし、花見でお酒を飲みすぎる人や、ゴミを捨てて帰る人がいて、毎年問題になります。みなさんも、お花見に行く時は、マナーを守って、美しい桜を楽しみましょう。

독해문제 다음 문장이 본문의 내용과 맞으면 ○, 다르면 ×표 하세요.

1 日本人は桜の花が一番好きです。（　　）

2 桜は、日本中どの地域でも見ることができます。（　　）

3 人々は、ニュースを見て、花見に行く日を決めます。（　　）

4 桜を見る時は、お酒を飲んではいけません。（　　）

5 花見では、マナーの悪い人がいて問題になります。（　　）

단어 및 표현

- 花見 꽃놀이, 벚꽃놀이
- 喜ぶ 기쁘다
- 咲く 피다
- 待つ 기다리다
- 散る 지다, 떨어지다
- 入社式 입사식
- 残る 남다
- 見物 구경
- 毎年 매년, 매해
- 桜 벚꽃
- 終わり 끝
- 予想する 예상하다
- 計画 계획
- 卒業式 졸업식
- 時期 시기
- お弁当 도시락
- ライトアップする 조명을 비추다
- 問題 문제
- 春 봄
- はじめ 시작
- 発表する 발표하다
- 立てる 세우다
- 入学式 입학식
- 記憶 기억
- 夜桜 밤 벚꽃
- 捨てる 버리다
- 楽しむ 즐기다

문형연습

❶ ～たことがある　　　　　　　　　　　　　　　　　～한 적이 있다

「동사의 た형」에 접속하여 무엇을 한 경험이 있다고 말할 때 사용한다.

- 高校生の時、沖縄に行ったことがあります。
- その本を読んだことがありません。
- 納豆を食べたことがありますか。

❷ ～だけ　　　　　　　　　　　　　　　　　　　　　～만, ～뿐

대상·정도·범위·수량 등을 나타내는 명사에 대해서 이것을 한정하거나 강조할 때 사용한다.

- 疲れましたから、10分だけ休みましょう。
- 私は、ひらがなとカタカナだけ勉強しました。
- 今日は、1年生の授業だけあります。

- 沖縄　오키나와〈지명〉
- 納豆　낫토
- 疲れる　피곤하다

③ 〜すぎる　　　　　　　　　　　　　너무 〜하다, 지나치게 〜하다

「동사의 ます형」이나 「い형용사・な형용사」의 어간과 접속하여, 정도가 과해서 좋지 않다는 생각을 나타낸다.

- とてもおいしかったので、食べすぎました。
- 旅行で買い物をしすぎて、今はお金がありません。
- この授業は、毎週、宿題が多すぎます。

□ 宿題 숙제

일본 벚꽃의 종류

훗카이도(北海道)와 오키나와(沖縄)를 제외한 일본의 벚꽃은 약 80%가 소메이요시노(染井吉野:왕벚나무)라고 합니다. 그 때문에 뉴스에서 벚꽃의 개화가 발표될 때, 소메이요시노의 개화가 기준이 되었습니다. 소메이요시노는 에도(江戸)시대에 소메이 마을(현재의 도쿄도(東京都) 도시마구(豊島区))의 나무를 심는 직공이 인공적으로 교배한 것으로, 요시노자쿠라(吉野桜)라는 이름으로 팔기 시작한 것에서 소메이요시노라는 이름이 되었습니다. 일본에는 소메이요시노 외에도 400종류 이상의 벚꽃이 있습니다. 그 중에는 10월 하순~1월 초순에 피는 후유자쿠라(冬桜)라는 종류도 있습니다.

연습문제

1 文型

1 ____ の中の言葉を使って文を完成させなさい。

> ことがある　　だけ　　すぎる

❶ 夜桜見物をした（　　　　）人は、あまり多くないでしょう。
　よざくらけんぶつ

❷ 花見で、毎年お酒を飲み（　　　　）人がいます。
　はなみ

❸ 花見に行った（　　　　）人は多いです。

❹ 桜は約10日（　　　　）咲いて、すぐに散ります。
　さくら　やく　　　　　　　　さ　　　　　　　　ち

2 ____ の中の言葉と（　）の言葉を使って、文を完成させなさい。

> 〜ことがある　　〜だけ　　〜すぎる

❶ 日本のドラマは、まだ（見る →　　　　）ません。

❷ 部屋が（きたない →　　　　）ので、そうじしなければなりません。
　へや

❸ 本を（3ページ →　　　　）読みました。

❹ 今朝は、遅くまで（寝る →　　　　）ました。
　けさ　　おそ　　　　ね

2 ことばの使い方

1 ____ の中のことばを一つ選んで、適当な形にして _____ に書きなさい。

　　　喜ぶ　　　予想する　　　待つ　　　残る　　　楽しむ

❶ 夏休みに日本に行ったことが、記憶に_____ています。

❷ レストランに行って、食事を_____ました。

❸ 駅の前で、友だちを_____ます。

❹ 試合の前に、どのチームが強いか_____ます。

2 次のことばを使って _____ の短文を作りなさい。

❶ 벚꽃놀이 계획은 빨리 세우지 않으면 안됩니다. （計画、立てる）

　→ 花見の _____。

❷ 친구나 가족과 함께 벚꽃 아래에서 도시락을 먹거나 술을 마시거나 합니다. （お弁当）

　→ 友だちや家族といっしょに、_____。

❸ 일본에서는 3월에 졸업식이 있고, 4월에 입학식이나 입사식이 있습니다.

（卒業式、入学式、入社式）

　→ 日本では、_____。

❹ 쓰레기를 버리고 돌아가는 사람이 있어서, 매년 문제가 됩니다. （捨てる、毎年、問題）

　→ ゴミを _____。

회화

다음은 본문과 관련된 회화입니다. 들으면서 빈칸을 채우세요.

A：最近、少し暖かくなったよね。

B：そうね。もうすぐ（①　　　　　）だからね。

　　早く桜が（②　　　　　）といいな。

A：うん、あと２週間ぐらいだって、ニュースで（③　　　　　）よ。

B：そうなんだ。じゃ、お花見の（④　　　　　）を立てなくちゃ。

A：そうだね。桜は10日ぐらいで、すぐに（⑤　　　　　）から、早く

　　考えなくちゃね。

B：うーん、いつがいいかな。４月２日はどう？

A：２日？あ、２日は妹の（⑥　　　　　）があるの。

　　ごめんね。３日はどう？

B：うん、いいね。じゃあ、３日にしよう！

　　（⑦　　　　　）とお酒も、少し持っていくね。

A：いいねー。おいしい物を食べながら、ゆっくり見よう。

　　あ、夜も（⑧　　　　　）きれいだって聞いたよ。

B：へえ、（⑨　　　　　）？見たことがないから、見たいな。

A：じゃあ、３日は夜まで（⑩　　　　　）！

④ バス 버스

여러분은 버스를 자주 탑니까?
어떤 때 버스를 이용합니까?
일본과 한국의 버스에 대해서 읽어봅시다.

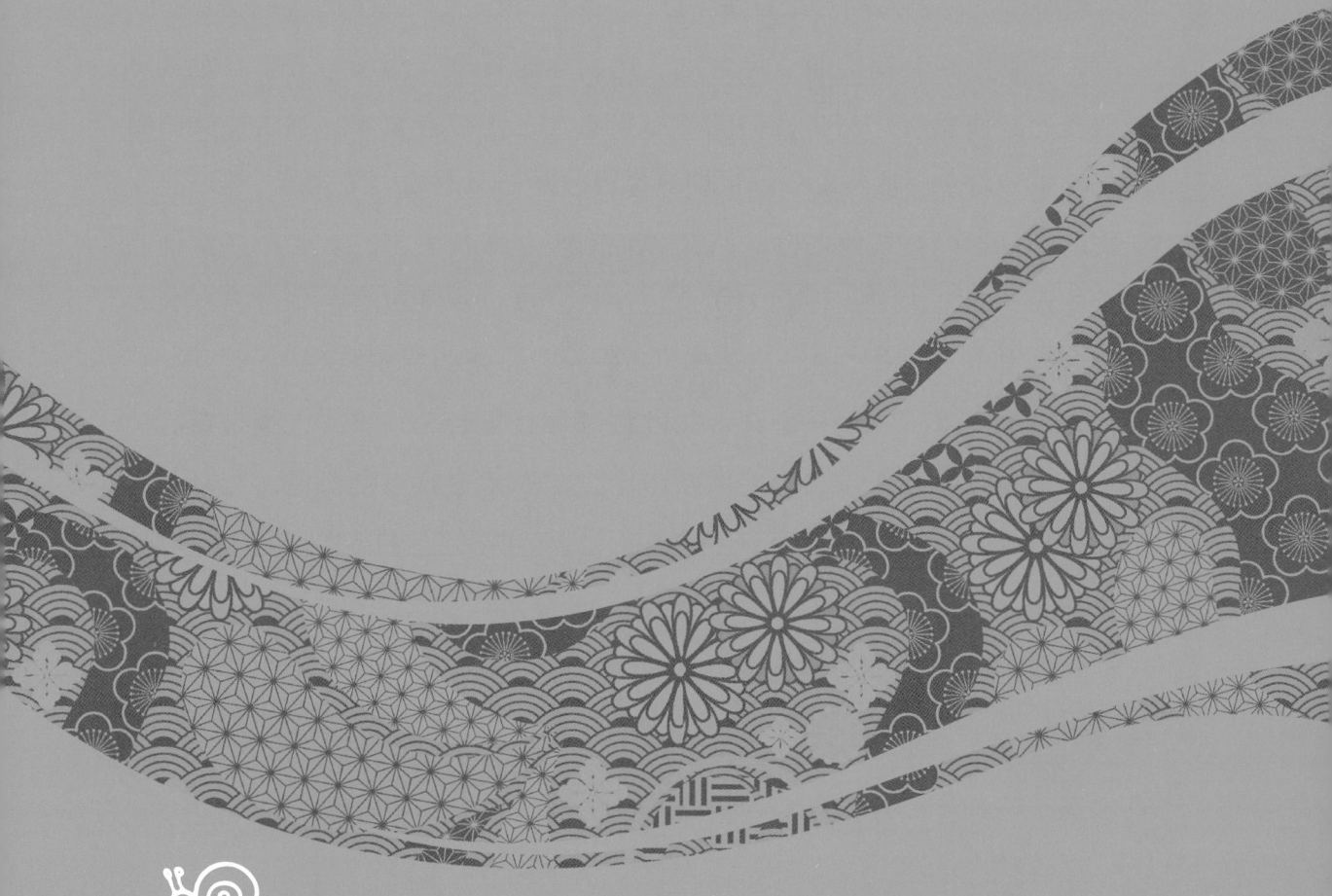

주요문형 ～ても・～でも / ～か / ～てみる

본문

　みなさんは、バスによく乗りますか。日本でも韓国でも、大きな都市では地下鉄や電車がたくさん走っています。しかし、電車があまりない地方の人々の生活にはバスが特に重要です。

　都市と地方とでは、バスの料金や乗りかたがちがいます。東京都内でバスに乗ると、どこまで乗っても料金は同じです。前のドアから乗る時に、料金を払います。しかし、地方では、後ろのドアから乗って、乗る時に整理券を取ります。整理券の番号で、料金が決まります。長く乗ると、料金はどんどん高くなります。

　バスで学校や会社に通う場合は、定期券を買う人が多いです。定期券を買うと、決まったバスに何回でも乗ることができます。バスに乗る時に1回ずつお金を払うより、定期券を買ったほうが安いです。

　また、日本のバス停には、バスの時刻表があります。次のバスが何時に来るかわかるので、便利です。しかし、ラッシュアワーには、バスが時々遅れます。日本には、バス専用車線がないためです。

　バスの中では、マナーを守らなければなりません。まず、携帯電話で話してはいけません。また、バスの中で、ものを食べたり飲んだりしてはいけません。そして、座っている人は、バスが止まるまで立ってはいけません。

　みなさんも、日本でバスに乗ってみると、韓国のバスとのちがいがわかるでしょう。

독해문제 다음 문장이 본문의 내용과 맞으면 ○, 다르면 ×표 하세요.

1 地方の人はあまりバスに乗りません。（　　）

2 日本のバスは、ぜんぶ同じ料金です。（　　）

3 定期券があると、同じバスに何回でも乗ることができます。（　　）

4 日本のバスは、時刻表の時間にぜんぜん来ません。（　　）

5 日本では、バスが止まってから立つのがマナーです。（　　）

단어 및 표현

- 都市 도시
- 走る 달리다
- 重要だ 중요하다
- ちがう 다르다
- 番号 번호
- 通う 다니다
- ずつ 씩
- ラッシュアワー 러시아워
- 専用車線 전용 차선
- 地下鉄 지하철
- 地方 지방
- 料金 요금
- 払う 지불하다
- 決まる 정해지다
- 場合 경우
- バス停 버스 정류장
- 時々 때때로
- 座る 앉다
- 電車 전철, 전차
- 特に 특히
- 乗りかた 타는 법
- 整理券 정리권
- どんどん 점점
- 定期券 정기권
- 時刻表 시각표
- 遅れる 늦다
- ちがい 차이

문형연습

1 〜ても・〜でも　　〜하더라도, 〜이라도

가정적인 조건에 반하는 것을 말할 때 사용한다.

- 渋谷は、いつ来ても人が多いです。
- 弟は、何回言ってもゲームをやめません。
- 忙しいので、土曜日でも仕事をしなければいけません。

2 〜か　　〜인지

의문문이 문장의 안에 들어갈 때 「의문사＋동사의 보통형＋か」의 형태로 사용한다.

- だれがこの手紙を書いたか、知っていますか。
- その服をどこで買ったか、おぼえていますか。
- ヘソンさんがなぜ昨日休んだか、聞いてみます。

 **단어 및 표현**

☐ 渋谷 시부야〈지명〉　　☐ 忙しい 바쁘다　　☐ 覚える 기억하다

③ 〜てみる　　　　　　　　　　　　　　　　　　　　　　　　〜해 보다

「동사의 て형」에 접속하여 지금까지 경험한 적이 없는 것을 한번 시험해 보고, 어떤 모양·결과가 나온다는 의미를 나타낸다.

- 春に日本に行ったら、花見(はなみ)をしてみてください。
- サイズがわからないので、一度着(き)てみてもいいですか。
- このジュースはおいしそうだと思いましたが、飲んでみたら、おいしくなかったです。

□ 花見(はなみ) 벚꽃놀이　　　　□ サイズ 사이즈

일본 대중교통 요금

일본 교통기관은 한국에 비하면 운임이 매우 비쌉니다. JR 최저 요금은 130엔으로 거리가 늘어날 때 마다 요금이 점점 올라갑니다. 예를 들면 시부야(渋谷)역에서 신주쿠(新宿)역까지는 단 4역이고 10분 정도이지만, 전철 요금은 150엔이나 듭니다. 지하철도 전철도 버스도 각각 최저 요금이 다르기 때문에, 탈 때에는 어느 노선으로 가는 것이 제일 싸고 빠른가를 생각해야 합니다. 또 도쿄 택시 최저 요금은 710엔입니다. 일본에서는 매우 급할 때나 전철이 끊겼을 때가 아니면 부담없이 택시를 이용하기는 쉽지 않습니다.

연습문제

❶ 文型

1 ____の中の言葉を使って文を完成させなさい。

> て(で)も　　か　　てみる

❶ どこまで乗っ（　　　　　）料金は同じです。

❷ 次のバスが何時に来る（　　　　　）わかります。

❸ 日本でバスに乗っ（　　　　　）と、韓国とのちがいがわかります。

❹ 定期券があれば、決まったバスに何回（　　　　　）乗ることができます。

2 ____の中の言葉と（　）の言葉を使って、文を完成させなさい。

> ～て(で)も　　～か　　てみる

❶ 中間試験が（いつ →　　　　　）、知っていますか。

❷ 私の好きな歌手のCDを貸すので、一度（聞く →　　　　　）てください。

❸ 夜（遅い →　　　　　）起きていますから、電話してもいいですよ。

❹ キムさんはお酒をたくさん（飲む →　　　　　）顔が変わりません。

❷ ことばの使い方

1 ☐ の中のことばを一つ選んで、適当な形にして ＿＿＿ に書きなさい。

> 特に　　ずつ　　遅れる　　重要だ　　通う

❶ 弟と妹におかしを２つ＿＿＿＿あげました。

❷ 今朝(けさ)、バスが来なくて、授業に＿＿＿＿ました。

❸ それは＿＿＿＿メールですから、よく読んでください。

❹ 妹(いもうと)は家の近(ちか)くの中学校に＿＿＿＿います。

2 次のことばを使って ＿＿＿ の短文を作りなさい。

❶ 도쿄의 버스는 어디까지 타도 요금이 같습니다. （料金(りょうきん)、同じ）

→ 東京(とうきょう)のバスは、＿＿＿＿＿＿＿＿＿＿＿＿＿＿＿＿＿＿＿。

❷ 오래 타면 버스 요금은 점점 비싸집니다. （どんどん）

→ 長く乗ると、＿＿＿＿＿＿＿＿＿＿＿＿＿＿＿＿＿＿＿。

❸ 시각표를 보면 다음 버스가 몇 시에 올지 알 수 있습니다. （次(つぎ)、何時）

→ 時刻表(じこくひょう)を見ると、＿＿＿＿＿＿＿＿＿＿＿＿＿＿＿＿＿＿＿。

❹ 일본에서는 버스가 멈출 때까지 일어나서는 안됩니다. （止(と)まる、立つ）

→ 日本では、＿＿＿＿＿＿＿＿＿＿＿＿＿＿＿＿＿＿＿。

회화

다음은 본문과 관련된 회화입니다. 들으면서 빈칸을 채우세요.

A：日本に来てびっくりしたのは、韓国のバスと日本のバスの（①　　　　）だよ。

B：へえ、何がちがうの？

A：まず、後ろのドアから乗って、（②　　　　）を取らなきゃいけないだろ。その（③　　　　）で料金が（④　　　　）なんて、知らなかったよ。

B：そうね。
東京都内と（⑤　　　　）とでは、バスの（⑥　　　　）がちがうから、留学生には難しいわね。

A：あと、日本のバスって（⑦　　　　）遅れるだろ。

B：え、それは韓国でも同じじゃないの？

A：韓国にはバス専用車線があるんだよ。
だから、（⑧　　　　）でも、ほかの車より速く（⑨　　　　）んだ。

B：そうなんだ。それはすごく便利ね。

A：うん。だから僕は、韓国では（⑩　　　　）よりバスにたくさん乗ったよ。

B：へえ、私も韓国に行ってみたいな。

5 ダイエット
다이어트

여러분은 다이어트를 해 본 적이 있습니까?
어떤 다이어트를 해보고 싶습니까?
다이어트 붐에 대해서 읽어봅시다.

주요문형 ～かもしれない / ～てはいけない / ～にくい

본문

みなさんは、ダイエットをしたことがありますか。やせて、きれいになりたいと考える人は多いでしょう。では、どんなダイエットの方法があるでしょうか。

健康的にやせるためには、運動がいいでしょう。フィットネスクラブに通ったり、ヨガや水泳、ボクシングをしたりする人もいます。運動を楽しみながらダイエットすれば、長く続けられるかもしれません。

また、お金を使わないで、簡単にダイエットをしたい人には、バナナダイエットが人気です。このダイエットは、昼と夜は、ふつうに食事をしてもいいです。しかし、朝はバナナを1本しか食べてはいけません。バナナは体の中をきれいにするので、ダイエットにいい食べ物だそうです。

それから、体の姿勢やバランスを直すダイエットもあります。体操やストレッチをして、体のバランスを正しくすると、太りにくい体になるそうです。このダイエットは、毎日続けなければいけませんが、朝起きた時や、夜寝る前など、短い時間でできるので、人気があります。

ダイエットでいい結果が出ると、だれでもうれしいです。しかし、ごはんをぜんぜん食べなかったり、急に運動をしすぎたりすると、健康に悪いです。ダイエットをする時は、無理をしないように注意しましょう。

독해문제 다음 문장이 본문의 내용과 맞으면 ○, 다르면 ×표 하세요.

1 ヨガや水泳、ボクシングでダイエットする人もいます。（　　）

2 バナナダイエットは、バナナしか食べてはいけません。（　　）

3 体のバランスを直すと、太りにくくなります。（　　）

4 体の姿勢を直す体操やストレッチは１週間に１回すればいいです。（　　）

5 無理なダイエットは、健康に悪いです。（　　）

단어 및 표현

- やせる 마르다
- フィットネスクラブ 피트니스 클럽
- 水泳 수영
- 続ける 계속하다
- ふつうに 정상적으로
- 直す 고치다
- 正しい 바르다
- 結果 결과
- 無理 무리
- 方法 방법
- 通う 다니다
- ボクシング 복싱
- 簡単に 간단히
- 姿勢 자세
- 体操 체조
- 太る 살찌다
- うれしい 기쁘다
- 注意する 주의하다
- 健康的に 건강적으로
- ヨガ 요가
- 楽しむ 즐기다
- 人気 인기
- バランス 밸런스, 균형
- ストレッチ 스트레치
- など 등
- 急に 갑자기

5 ダイエット 다이어트

문형연습

1 〜かもしれない　　　　　　　　　　　　　　　　〜일지도 모른다

어떤 상황이나 사건이 일어날 가능성이 있다고 추측해서 말할 때 사용한다. 「もしかすると」나 「もしかしたら」와 함께 사용할 때도 있다.

- あの人は若いので、まだ学生**かもしれない**。
- 先生は、ミンさんを知っている**かもしれません**。
- 約束の時間に遅れてしまったので、市川さんはもう帰った**かもしれません**。

2 〜てはいけない　　　　　　　　　　　　　　　　〜해서는 안된다

사회적인 룰이나 약속 등에서 허용되지 않는 것을 말할 때 사용한다.

- 子どもは、お酒を飲ん**ではいけない**。
- 授業中におかしを食べ**てはいけません**。
- この川は深くて危ないですから、入っ**てはいけません**。

단어 및 표현

- □ 若い 젊다
- □ 遅れる 늦다
- □ おかし 과자
- □ 深い 깊다
- □ 危ない 위험하다

③ 〜にくい　　　　　　　　　　　　　　　　　～하기 어렵다

「동사의 ます형」에 접속하여 동작, 행위를 부드럽게 하는 것이 어려운 상태를 나타낸다. 또 그렇게 간단하게 되지 않는 다는 것을 나타낼 때 사용한다.

- このガラスは、割れにくいです。
- この店は場所がわかりにくいです。
- 雪で道路がすべるので、歩きにくいです。

- □ ガラス 유리
- □ 割れる 깨지다
- □ 雪 눈
- □ すべる 미끄러지다

효과적인 다이어트 방법이란

다이어트에는 여러 가지 방법이 있습니다. 식사 제한이나 운동은 가장 일반적인 것이지만, 그 외에도 몸의 불균형을 조절해서 대사를 원활하게 하는 '골반 다이어트'나 생활 리듬이나 식생활을 관리해 건강하게 마른다고 하는 '일기 다이어트' 등도 인기가 있습니다. 또 최근에는 인터넷 블로그나 게시판으로 다이어트 친구를 찾는 사람도 증가하고 있는 것 같습니다. 혼자서 장기간 다이어트를 계속하는 것은 어려운 일인데, 같은 목적을 가진 친구와 서로 격려하거나 정보 교환을 하면서 하면 목표를 달성할 수 있을지도 모릅니다.

연습문제

1 文型

1 ◯◯◯ の中の言葉を使って文を完成させなさい。

> てはいけない　　にくい　　かもしれない

❶ ごはんを食べなかったり、急に運動をしすぎたりすると、病気になる（　　　　　）。

❷ 体のバランスを正しくすると、太り（　　　　　）体になるそうです。

❸ 楽しければダイエットを長く続けられる（　　　　　）。

❹ 朝はバナナを1本だけしか食べ（　　　　　）というダイエットです。

2 ◯◯◯ の中の言葉と（　）の言葉を使って、文を完成させなさい。

> ～てはいけない　　～にくい　　かもしれない

❶ この本は、字が小さいので、(読む →　　　　　) です。

❷ 頭がいたいので、明日、学校に (行けない →　　　　　) ません。

❸ 先生が、このプリントを (忘れる →　　　　　) と言いました。

❹ 問題は、試験が始まるまで (見る →　　　　　) と書いてあります。

2 ことばの使い方

1　　　の中のことばを一つ選んで、適当な形にして _____ に書きなさい。

> ふつうに　　直す　　正しい　　うれしい　　急に

❶ 去年のクリスマスに、彼女からプレゼントをもらって_____です。

❷ 漢字の_____書きかたをおぼえましょう。

❸ こわれた時計を兄が_____てくれました。

❹ もう元気になったので、_____食べられます。

2　次のことばを使って _____ の短文を作りなさい。

❶ 마르고 예뻐지고 싶다고 생각하는 사람은 많을 것입니다. （きれいに、考える）

→ やせて、_____。

❷ 피트니스 클럽에 다니거나 요가나 수영, 복싱을 하거나 하는 사람도 있습니다.
（通う、ヨガ、水泳、ボクシング）

→ フィットネスクラブに _____。

❸ 바나나는 몸속을 깨끗하게 하므로 다이어트에 좋은 음식이라고 합니다.
（体の中、ダイエット、食べ物）

→ バナナは _____。

❹ 이 다이어트는 아침에 일어났을 때나 밤에 자기 전 등 짧은 시간에 할 수 있습니다.
（起きる、寝る、短い）

→ このダイエットは、_____。

회화

다음은 본문과 관련된 회화입니다. 들으면서 빈칸을 채우세요.

A：あーあ、最近ちょっと（①　　　　）かな。
　　ダイエットしなくちゃ。

B：お菓子とか、食べすぎじゃないの？
　　いっしょに（②　　　　）に行く？

A：えー、運動はあまり好きじゃないから…（③　　　　）かなぁ…。

B：大丈夫だよ。運動が苦手な人ために、（④　　　　）とかもある
　　から。ダイエットしながら、姿勢も（⑤　　　　）んだよ。

A：へえ、そうなんだ。でも、運動するのは大変そうだな。
　　それより、バナナダイエットの方が簡単そう。

B：食事は（⑥　　　　）食べた方がいいんじゃない？

A：（⑦　　　　）ためには、食事を変えるのが一番早いでしょ。

B：それより、運動をした方が（⑧　　　　）だと思うけど。

A：でも、（⑨　　　　）をしたら（⑩　　　　）られないもん。
　　私は楽しくダイエットしたいの。

B：はいはい、わかったよ。じゃあ、がんばってね。

6 すし 초밥

일본 음식 중에서 무엇을 좋아합니까?
초밥이 어떤 것인지 알고 있습니까?
초밥에 대해서 읽어봅시다.

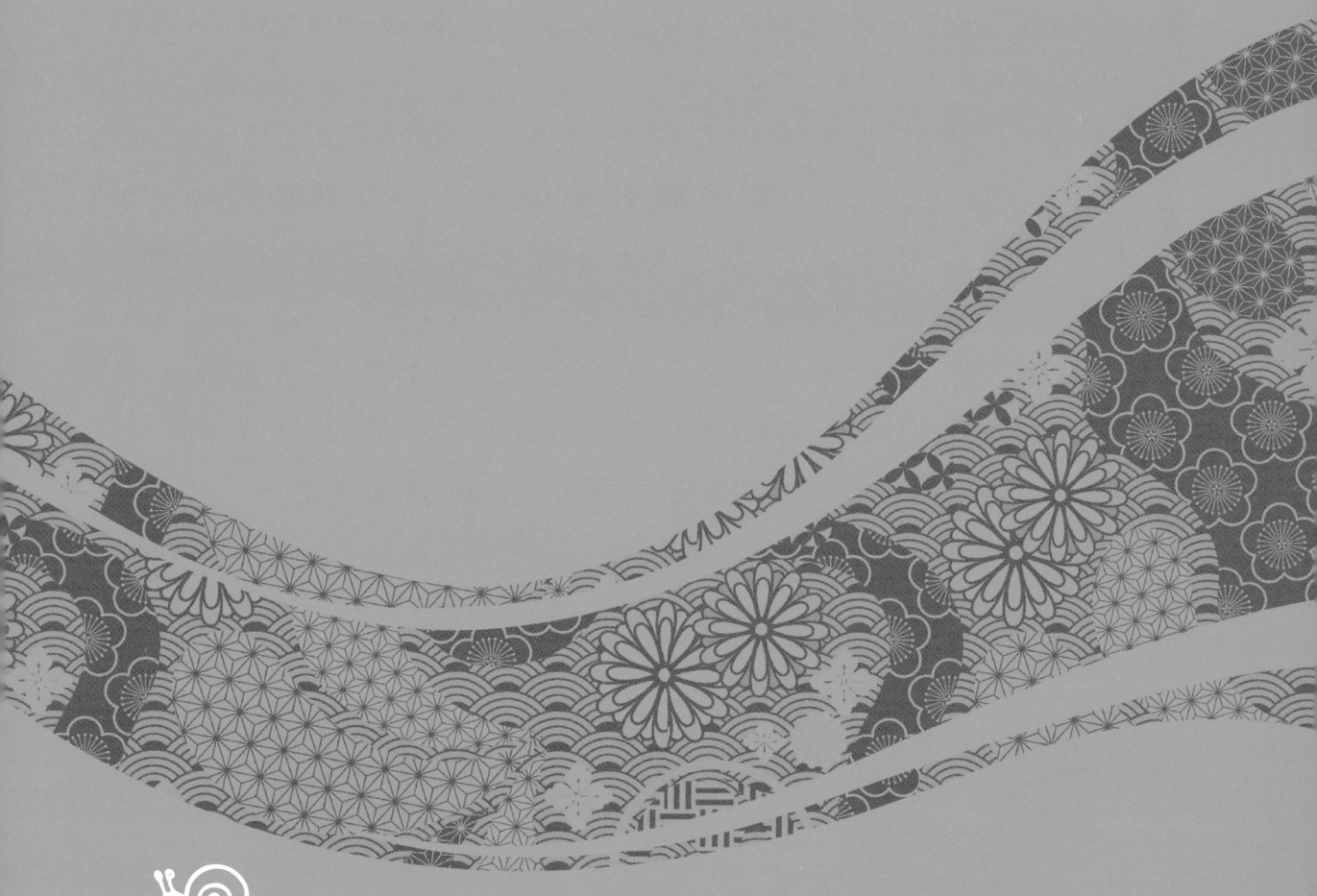

주요문형 ～れる・～られる / ～でも / ～やすい

본문

　日本の食べ物の中で、みなさんは何がいちばん好きですか。日本の食べ物は世界中で人気があります。その中でも、いちばんよく知られているのは、すしです。

　すしには、いろいろな種類があります。ごはんの上に、わさびと生の魚をのせたものは、にぎりずしです。手でにぎって作るので、にぎりずしといいます。

　にぎりずしはもともと、江戸時代に屋台で食べていました。小さくて食べやすいので、人気がありました。それに値段も安かったので、だれでも気軽に食べられました。

　しかし、戦争で食べ物が少なくなったので、新鮮な魚が手に入らなくなりました。そのため、すしの値段が高くなって、すしの屋台もなくなりました。しかし、80年代からは安い回転ずしの店ができました。今では、おいしくて安いすし屋が日本中にたくさんあります。

　すし屋では、「しょうが」のことを「ガリ」といいます。しょうがは、食べる時にガリガリと音がするからです。また、「きゅうり」は「カッパ」といいます。カッパは伝説の生き物で、きゅうりが大好きです。

　すし屋に行くと、このようなおもしろい言葉をたくさん使います。みなさんも一度、すし屋に行ってみてください。

독해문제 다음 문장이 본문의 내용과 맞으면 ○, 다르면 ×표 하세요.

1 世界中で日本の食べ物は人気があります。（　　）

2 すしは江戸時代、屋台で食べていました。（　　）

3 戦争のあと、すしの値段が高くなりました。（　　）

4 80年代になると、回転ずしの店ができました。（　　）

5 カッパはきゅうりが食べられません。（　　）

단어 및 표현

- いちばん 가장, 제일
- 種類 종류
- のせる 얹다
- 江戸時代 에도시대
- 気軽に 가볍게
- 手に入る 입수되다
- しょうが 생강
- きゅうり 오이
- 一度 한번
- ～中 온~
- わさび 고추냉이
- にぎる 쥐다
- 屋台 포장마차
- 戦争 전쟁
- 年代 연대
- ガリガリ 으득으득(씹는 소리)
- 伝説 전설
- 人気 인기
- 生 생, 날 것
- もともと 원래
- 値段 가격
- 新鮮だ 신선하다
- 回転ずし 회전 초밥
- 音 소리
- 生き物 생물

문형연습

1 ～れる・～られる

동사의 수동형. 동작을 받는 사람의 입장에서 말할 때 사용한다. 또 사회적 사실을 말할 때에도 사용한다.

- この雑誌は、若い人によく読まれています。
- 何時間もテレビを見て、母にしかられました。
- この携帯電話は、韓国の工場で作られています。

2 ～でも　　　　　　　　　　　　　　　　　　　　～든지, ～이라도

「의문사＋でも」의 형태로, 사물・사람・시간・장소・수 등을 제한하지 않는 것을 나타낸다.

- 父は、車のことは何でも知っています。
- 私はバスや電車など、どこででも寝られます。
- ここのクッキーは、何個でも食べていいですよ。

단어 및 표현

- 雑誌 잡지
- 若い 젊다
- しかる 혼내다
- 携帯電話 휴대전화
- 工場 공장
- クッキー 쿠키

3 ～やすい   ~하기 쉽다

「동사의 ます형」에 접속하여 동작이나 행위를 부드럽게 할 수 있다는 것을 나타낼 때 사용한다. 그렇게 될 가능성이 높다는 것을 나타낸다.

- このペンは、とても書き**やすい**です。
- マッコリは、甘くて飲み**やすい**です。
- 地下鉄の駅ができたので、生活し**やすく**なりました。

- □ マッコリ 막걸리
- □ 甘い 달다
- □ 地下鉄 지하철
- □ 生活する 생활하다

칼럼

갓파(カッパ)

갓파는 일본에서 도깨비와 텐구(天狗 : 얼굴이 붉고 코가 큰 상상의 괴물)에 버금가는 전설 속의 유명한 생물 중 하나입니다. 전신은 녹색으로 머리 위에는 접시가 얹혀 있습니다. 그 접시는 언제나 물에 젖어 있고, 마르면 죽습니다. 입은 부리, 등에는 거북이와 같은 등껍데기, 손과 발에는 물갈퀴가 있는 것이 특징입니다. 갓파를 사용한 속담에 「カッパの川流れ」라는 것이 있습니다. 갓파는 물가에 살아서 헤엄을 잘 치는데, 그런 갓파마저 강물에 떠내려가는 경우가 있다는 것입니다. 그러므로 「カッパの川流れ」는 아무리 능숙한 사람이라도 실수할 수 있다는 의미의 속담입니다.

연습문제

1 文型

1 ＿＿＿ の中の言葉を使って文を完成させなさい。

> れる・られる　　でも　　やすい

❶ すしは、小さくて食べ（　　　　）です。

❷ 日本の食べ物の中で、一番よく知（　　　　）ているのは、すしです。

❸ 江戸時代は、だれ（　　　　）気軽にすしが食べられました。

❹ にぎりずしは手でにぎるので、屋台でも作り（　　　　）です。

2 ＿＿＿ の中の言葉と（　）の言葉を使って、文を完成させなさい。

> ～れる・られる　　～でも　　～やすい

❶ 「ドラえもん」は、小学生によく（見る→　　　　）ているアニメです。

❷ 先生の説明は、とても（わかる→　　　　）です。

❸ 明日はずっと家にいるので、（いつ→　　　　）電話してください。

❹ 世界で一番多く（話す→　　　　）ていることばは、中国語です。

2 ことばの使い方

1 ＿＿＿＿の中のことばを一つ選んで、適当な形にして ＿＿＿＿ に書きなさい。

> 人気　　のせる　　気軽に　　音　　種類

❶ 外(そと)で大きい＿＿＿＿がしたので、びっくりして窓(まど)を開けました。

❷ ソースは、三つの＿＿＿＿の中から選(えら)べます。

❸ わからないことがあったら、＿＿＿＿聞いてください。

❹ 作った料理を皿(さら)に＿＿＿＿て、テーブルに置きます。

2 次のことばを使って ＿＿＿＿ の短文を作りなさい。

❶ 일본 음식 중에서 **무엇을 가장 좋아합니까**？（何が、いちばん）

→ 日本の食べ物の中で、＿＿＿＿＿＿＿＿＿＿＿＿＿＿＿＿＿＿。

❷ 전쟁으로 **초밥의 값이 비싸졌습니다**。（値段(ねだん)）

→ 戦争(せんそう)で、＿＿＿＿＿＿＿＿＿＿＿＿＿＿＿＿＿＿。

❸ 맛있고 싼 **초밥집이 온 일본에 많이 있습니다**。（すし屋(や)、日本中(にほんじゅう)）

→ おいしくて安い＿＿＿＿＿＿＿＿＿＿＿＿＿＿＿＿＿＿。

❹ 초밥집에 가면 **이러한 재미있는 말을 많이 사용합니다**。（このような、おもしろい、言葉(ことば)）

→ すし屋に行くと、＿＿＿＿＿＿＿＿＿＿＿＿＿＿＿＿＿＿。

회화

다음은 본문과 관련된 회화입니다. 들으면서 빈칸을 채우세요.

A：あー、おいしいすしが食べたい。

　　でも今、お金がないんだよなぁ。

B：行こうよ。駅の近くにある（①　　　　　）は、高くないから。

A：えー、僕はおいしいすしが食べたいんだよ。

　　もっと（②　　　　　）すしだよ。

B：最近は、安い（③　　　　　）でも、おいしいのよ。

　　魚の（④　　　　　）も多くて、（⑤　　　　　）があるって聞いたよ。

A：へえ、そうなんだ。

B：おすしは（⑥　　　　　）、高い食べ物じゃなかったの。

　　江戸時代には、（⑦　　　　　）で食べていたものだったのよ。

A：え？ そうなの？ 知らなかった。

B：安かったから、だれでも（⑧　　　　　）食べられたの。

　　でも、（⑨　　　　　）があって、すしの値段が高くなったのよ。

A：なるほど。すしのことをよく知っているね。

B：うん、おすし、大好きだから。

　　じゃ、駅の近くのすし屋に（⑩　　　　　）行ってみよう。

7 部活動(ぶかつどう) 동아리 활동

한국의 학교에는 어떤 동아리가 있습니까?
여러분은 어떤 동아리 활동을 하고 있습니까?
일본의 동아리 활동에 대해서 읽어봅시다.

주요문형 ～なくてもいい / ～ほうがいい / ～ために

본문

みなさんは、どんな部活動に関心がありますか。部活動は、全員がしなくてもいいです。しかし、日本では、部活動をする中学生や高校生がたくさんいます。10代は、心も体も成長する時期です。そのため、勉強だけではなく、いろいろな経験をしたほうがいいと考える人が多いからです。

部活動は、授業が終わった後にします。部員は、1年生から3年生までいます。それで、先輩との上下関係を学ぶこともできます。

部活動には、体育系と文科系があります。体育系の部活動では、サッカーや野球など、スポーツをします。文科系の部活動には、音楽・美術・料理・言語・演劇・ボランティアなどがあります。

試合やコンクールのために、毎日夜まで練習する部活動もあります。野球部やサッカー部は、男子生徒に人気があり、全国大会に出るために活発に練習する学校が多いです。高校の野球部の全国大会は、夏休みに甲子園球場でします。また、高校のサッカー部の全国大会は冬休みに国立競技場でします。試合は、毎日テレビで放送します。どちらも、日本中の多くの人が関心を持って応援します。

部活動をすると、目標を持ってがんばるようになります。また、個性や能力も伸ばすことができるので、いい経験になるでしょう。

독해문제 다음 문장이 본문의 내용과 맞으면 ○, 다르면 ×표 하세요.

1 日本の高校生は、あまり部活動をしません。（　　）

2 部活動をすると、先輩との上下関係がわかります。（　　）

3 体育系の部活動には、サッカーやボランティアがあります。（　　）

4 高校の野球は、日本でとても人気があります。（　　）

5 部活動をしている人は、目標を持ってがんばっています。（　　）

단어 및 표현

- 部活動 동아리 활동
- ～代 ～대
- ～だけではなく ~뿐만 아니라
- 先輩 선배
- 体育系 체육계통
- 演劇 연극
- コンクール 콩쿠르
- 全国大会 전국대회
- 放送する 방송하다
- 個性 개성

- 関心 관심
- 成長する 성장하다
- 経験 경험
- 上下関係 상하관계
- 文科系 문과계통
- ボランティア 봉사활동
- 練習 연습
- 活発に 활발하게
- 応援する 응원하다
- 能力 능력

- 全員 전원
- 時期 시기
- 部員 부원
- 学ぶ 배우다
- 言語 언어
- 試合 시합
- 男子生徒 남자 학생
- 国立競技場 국립경기장
- 目標 목표
- 伸ばす 늘리다

7 部活動 동아리 활동

문형연습

1 ～なくてもいい　　　　　　　　　　　　　　　　　　　～하지 않아도 된다

듣는 사람에게 어떤 동작을 할 필요가 없다고 말할 때 사용한다. 「～なくてもいいですか」는 어떤 동작을 하지 않는 것의 허가를 구할 때 사용한다.

- 明日は休みだから、早く起き**なくてもいい**です。
- この問題はむずかしいから、でき**なくてもいい**です。
- おなかがいっぱいだったら、ぜんぶ食べ**なくてもいい**です。

2 ～ほうがいい　　　　　　　　　　　　　　　　　　　　～하는 것이 좋다

어떤 행위를 하도록 조언할 때 사용하며, 동사와 접속될 경우에는 「동사의 た형」을 쓴다. 「～ないほうがいいです」는 어떤 행위를 하지 않도록 조언할 때 사용한다.

- 試験の勉強は、毎日した**ほうがいい**です。
- あまりたくさんお酒を飲まない**ほうがいい**よ。
- この道は暗いから、一人で歩かない**ほうがいい**です。

단어 및 표현

- ☐ おなかがいっぱいだ 배가 부르다
- ☐ 暗い 어둡다
- ☐ 歩く 걷다

3 〜ために　　　　　　　　　　　　　　　　　　　　　〜하기 위해서

동작·행위의 목적을 나타낼때 사용한다.

・健康のために、毎日20分歩きます。
　けんこう　　　　　　　　　　ある

・旅行に行くために、アルバイトをしています。
　りょこう

・大学に合格するために、いっしょうけんめい勉強します。
　　　　ごうかく　　　　　　　　　　　　　　　　べんきょう

- 健康 건강
  けんこう
- 合格する 합격하다
  ごうかく
- いっしょうけんめい 열심임

 칼럼

일본의 고교 야구

일본의 고교 야구 전국 대회는 1년에 두 차례 열립니다. 첫 번째는 3월 하순~4월 상순의 봄방학에, 두 번째 대회는 8월의 여름방학에 개최됩니다. 대회는 모두 효고현(兵庫県)에 있는 고시엔 구장(甲子園球場)에서 열리기 때문에, 고시엔 대회(甲子園大会)라고도 불립니다. 봄의 고시엔은 가을 지구 대회에서 이긴 32개 학교가 출전하지만, 여름 고시엔은 각 부현(府県)의 예선에서 이긴 1개 학교씩(홋카이도와 도쿄도만 2교씩) 합계 49교에 의한 토너먼트 대회가 열립니다. 국민적 행사라고 말하며, 때때로 사회 현상이 될 정도로 분위기가 고조되는 학생 스포츠 최대의 대회입니다.

연습문제

1 文型

1 ＿＿＿の中の言葉を使って文を完成させなさい。

> なくてもいい　　　ほうがいい　　　ために

❶ 部活動は、全員がし（　　　　　）です。
❷ 試合やコンクールの（　　　　　）、毎日練習をします。
❸ 部活動でいろいろな経験をした（　　　　　）と考える人が多いです。
❹ 部活動に入ら（　　　　　）ですが、たくさんの人が部活動をします。

2 ＿＿＿の中の言葉と（　）の言葉を使って、文を完成させなさい。

> ～なくてもいい　　　～ほうがいい　　　～ために

❶ 彼女のプレゼントを (買う → 　　　　　) デパートに行きました。
❷ このぐらい小雨なら、かさを (使う → 　　　　　) ですよ。
❸ 頭がいたかったら、早く (帰る → 　　　　　) です。
❹ (就職 → 　　　　　) 英語を勉強する人が多いです。

2 ことばの使い方

1 _____ の中のことばを一つ選んで、適当な形にして _____ に書きなさい。

> 応援する　　時期　　関心　　学ぶ　　伸ばす

❶ 妹は、小学校3年生からずっと日本語を_____います。

❷ 私は、読売ジャイアンツを_____ています。
　　　よみうり

❸ 部活動をすると、勉強以外の能力を_____ことができます。
　　　　　　　　べんきょう いがい のうりょく

❹ 私はアメリカの映画に_____を持っています。

2 次のことばを使って _____ の短文を作りなさい。

❶ 동아리 활동은 전원이 하지 않아도 좋습니다. (全員)
　　　　　　　　　　　　　　　　　　　　ぜんいん

　→ 部活動は、_____。

❷ 공부뿐만 아니라 동아리 활동으로 여러 가지 경험을 하는 것이 좋다고 생각하는 사람이 많습니다. (いろいろな、経験)
　　　　　　　　　　　　　　　　　　　　　　　　　　　　　けいけん

　→ 勉強だけではなく、_____と考える人が多いです。

❸ 시합이나 콩쿠르를 위해서 매일 밤까지 연습하는 동아리 활동도 있습니다.
(試合、コンクール)
　しあい

　→ _____部活動もあります。

❹ 고교야구도 축구도 온 일본의 많은 사람이 관심을 가지고 응원합니다.
(日本中、多くの、関心、持つ、応援する)
　　　　　　　　かんしん　　おうえん

　→ 高校野球もサッカーも、_____。

7 部活動 동아리 활동

会話

A：高校生の時、何か（①　　　　）をしていた？

B：うん、私はバスケットボール部だったよ。

A：へえ、そうだったんだ。（②　　　　）は大変だった？

B：そうね、（③　　　　）も（④　　　　）し、
いい（⑤　　　　）ができたけど、けっこう忙しかったな。

A：体育系の部活は、（⑥　　　　）もあるから、大変だよね。

B：うん、先生も（⑦　　　　）もいっしょうけんめいで、大会では何回も勝ったの。とても強い学校だったわ。

A：へえ、すごいね。

僕は（⑧　　　　）部だったけど、（⑨　　　　）で小学校に行って、子どもたちのために劇をしたりしたよ。

B：えー、そうだったんだ！！　どんな劇をしたの？

A：えっ、あ…それは教えられないよ。

僕も若かったし、（⑩　　　　）の時のことだから。

B：えー、つまんなーい。

 お弁当 도시락

여러분은 어떤 때 도시락을 먹습니까?
한국의 가게에서는 어떤 도시락을 팔고 있습니까?
일본의 도시락 문화에 대해서 읽어봅시다.

 주요문형　동사의 가능형 / ～ています / ～し

본문

　お弁当は、外に持っていけるように、ごはんやおかずを容器に入れたものです。日本のお米は冷たくなってもおいしいので、お弁当に向いています。そのため、昔からお弁当を食べる習慣がありました。今でも、外に持っていって食べることもありますが、最近では、お弁当を買ってきて、家で食べることもあります。

　駅や電車の中で売っている弁当は「駅弁」といいます。地方ごとのおいしいものが入っている駅弁はとても人気があり、デパートでは時々「駅弁大会」も開かれます。これは、全国の有名な駅弁を売るイベントです。その地方まで行かないと食べられない駅弁を簡単に買えるので、毎回多くの人が集まります。

　街にもお弁当屋がたくさんあります。人気の理由は、メニューの多さと値段の安さです。お弁当は数10種類もあるし、レストランよりも安いです。定番のメニューは、からあげ弁当、ハンバーグ弁当、幕の内弁当などです。幕の内弁当は、ごはんといっしょに、焼き魚、卵焼き、揚げ物、煮物など、いろいろなおかずが入っているお弁当のことです。お弁当屋では、お弁当だけでなく、温かいみそ汁やサラダなども買えます。だから、一人暮らしの人や料理ができない人にも人気があります。

　最近では、コンビニでもいろいろな種類のお弁当が売られています。日本人にとって、お弁当はとても身近なものです。

독해문제 다음 문장이 본문의 내용과 맞으면 ○, 다르면 ×표 하세요.

1 日本のお米はあまり冷たくならないので、弁当に向いています。（　　　）

2 日本では昔から弁当の習慣がありました。（　　　）

3 駅弁大会は、世界中のいろいろなお弁当を売るイベントです。（　　　）

4 弁当屋の弁当はメニューが多くて値段が安いので、人気です。（　　　）

5 コンビニには、弁当がありません。（　　　）

단어 및 표현

- お弁当 도시락
- おかず 반찬
- お米 쌀
- 昔 옛날
- 地方 지방
- 時々 때때로
- 街 거리
- レストラン 레스토랑
- ハンバーグ 햄버그 스테이크
- 揚げ物 튀긴 음식
- サラダ 샐러드
- 身近だ 가깝다
- 外 밖
- 容器 용기
- 冷たい 차갑다
- 習慣 습관
- ごと 마다
- 開く 열리다
- 値段 가격
- 定番 기본 상품
- 焼き魚 구운 생선
- 煮物 삶은 음식
- 一人暮らし 독신 생활
- ごはん 밥
- 入れる 넣다, 담다
- ~に向く ~에 적합하다
- 駅弁 기차 안이나 역에서 파는 도시락
- デパート 백화점
- 全国 전국
- 種類 종류
- からあげ 튀김옷을 입히지 않은 튀김
- 卵焼き 계란말이
- みそ汁 된장국
- ~にとって ~에게 있어서

문형연습

1 동사의 가능형　　　　　　　　　　　　　　　　～할 수 있다

어떤 것의 성질에 의해 가능한 것, 상황이나 기회에 의해 가능성이 있는 것, 능력이나 기술에 의해 가능한 것을 나타낸다.

- この教室は広いので、200人は入れます。
- 私はアメリカに留学したことがあるので、英語が話せます。
- あの店ではおいしい韓国料理が食べられます。

2 ～ています　　　　　　　　　　　　　　　　～어 있다

자동사에 붙어, 어떤 동작의 결과로서 상태를 나타낸다.

- 車にイヌが乗っています。
- 部屋のまどが開いています。
- ナイフとフォークがならんでいます。

단어 및 표현

- □ 留学する 유학하다
- □ ナイフ 나이프, 칼
- □ フォーク 포크
- □ ならぶ 늘어서다

❸ 〜し　　　　　　　　　　　　　　　　〜하고

활용어의 종지형에 붙어, 절과 절을 '그리고'의 의미로 잇는 표현이다. 두 개 이상의 이유를 나타내는 것도 있다.

- 彼は歌がうまい**し**、サッカーも上手です。
- 今日は雨だ**し**、寒い**し**、外に行くのはやめよう。
- あなたはまだ若い**し**、きれいだ**し**、すぐに恋人が見つかりますよ。

단어 및 표현

☐ 若い 젊다　　　　☐ 恋人 연인　　　　☐ 見つかる 발견하다

칼럼

에키벤(駅弁)

일본에서 4월 10일은 에키벤의 날(駅弁の日)입니다. 숫자 「4」와 한자 「十」를 합치면 한자 「弁」로 보인다는 이유로 이 날이 뽑혔습니다. 전국에 유명한 에키벤은 여럿 있지만, 특히 유명한 것은 군마현(群馬県)의 도게노카마메시(峠の釜飯)입니다. 이것은 1인용 솥에 지은 밥으로, 맛있는 것은 물론, 다 먹은 뒤 솥을 가정에서 사용할 수도 있어서 인기가 있습니다. 또, 에키벤 대회에서 매회 매출 1위를 차지하는 것은 홋카이도(北海道)의 이카메시(いかめし)입니다. 이카(いか)는 물오징어, 메시(めし)는 밥이라는 의미입니다. 이것은 오징어의 몸에 씻은 쌀을 가득 채워 맛국물로 지은 밥으로, 지금은 홋카이도의 명물의 하나가 되었습니다. 지방에 가면 그 곳의 에키벤을 먹어 보는 것도 좋겠습니다.

연습문제

1 文型

1 ＿＿＿の中の言葉を使って文を完成させなさい。

　　　ている　　　「買う」의 가능형　　　し

❶ 弁当屋の弁当は数10種類もある（　　　　　）、レストランよりも安いです。
❷ 駅弁大会では駅弁を簡単に（　　　　　）ので、毎年多くの人が集まります。
❸ 地方ごとのおいしいものが入っ（　　　　　）駅弁はとても人気があります。
❹ お弁当屋には、お弁当も売っている（　　　　　）温かいみそ汁やサラダなどもあります。

2 ＿＿＿の中の言葉と（　）の言葉を使って、文を完成させなさい。

　　　〜ている　　　〜(ら)れる　　　〜し

❶ むずかしい漢字を (読む →　　　　　) ようになりたいです。
❷ 来月、今 (住む →　　　　　) 家から新しい家にひっこします。
❸ お金も (ない →　　　　　)、時間も (遅い →　　　　　)、もう家に帰りましょう。
❹ 3歳の娘が、一人で服を (着る →　　　　　) ようになりました。

2 ことばの使い方

1 ＿＿＿ の中のことばを一つ選んで、適当な形にして ＿＿＿ に書きなさい。

> ～にとって　　入れる　　時々　　ごと　　～に向く

① 毎日ではありませんが、＿＿＿＿＿ジョギングをします。

② 私＿＿＿＿＿兄はとても大事（だいじ）な人です。

③ グループ＿＿＿＿＿にレポートを書いて、出してください。

④ 彼女は子どもが好きなので、学校の先生＿＿＿＿＿ていると思います。

2 次のことばを使って ＿＿＿ の短文を作りなさい。

① 일본의 쌀은 차가워져도 맛있으므로 도시락에 적합합니다.（お米こめ、冷たい）

→ ＿＿＿＿＿＿＿＿＿＿＿＿＿＿＿＿、弁当に向いています。

② 최근에서는 도시락을 사 와서 집에서 먹는 일도 있습니다.（お弁当）

→ 最近では、＿＿＿＿＿＿＿＿＿＿＿＿＿＿＿＿。

③ 그 지방까지 가지 않으면 먹을 수 없는 역 도시락을 간단히 살 수 있습니다.（地方ちほう）

→ ＿＿＿＿＿＿＿＿＿＿＿＿＿＿＿＿駅弁を簡単に買うことができます。

④ 인기의 이유는 메뉴의 많음과 값의 저렴함입니다.（値段ねだん）

→ 人気の理由は、＿＿＿＿＿＿＿＿＿＿＿＿＿＿＿＿。

회화

다음은 본문과 관련된 회화입니다. 들으면서 빈칸을 채우세요.

A : それ、ミキちゃんの（①　　　　　）？

B : うん。今朝、自分で（②　　　　　）を作ってきたの。

A : 料理が上手なんだね。

（③　　　　　）で売っているお弁当みたい。

B : それほどでもないわよ。

ただ昔からの（④　　　　　）で作っているだけ。

A : でも、その（⑤　　　　　）とか、おいしそうだよ。

B : あぁ、お弁当の（⑥　　　　　）よね。一つ食べる？

A : ありがとう。…うん、すごくおいしい！

（⑦　　　　　）なのに自分でお弁当を作るなんて、本当にえらいよ。

B : でも最近は、お弁当屋さんにもいろいろな（⑧　　　　　）のお弁当があるから、たまに買うこともあるの。

A : （⑨　　　　　）より（⑩　　　　　）も安いもんね。

でも僕は、ミキちゃんの料理のほうがおいしいと思うよ。

B : ありがとう。今度、お弁当を作ってあげるわ。

9 お風呂(ふろ) 목욕

여러분은 목욕할 때 욕조에 들어갑니까? 샤워만 합니까?
다른 사람과 함께 목욕을 한 적이 있습니까?
일본의 목욕 문화에 대해서 읽어봅시다.

주요문형　～おわる / ～てしまう / ～(た)まま

본문

　日本人はお風呂が好きだといわれますが、なぜでしょうか。日本は、全国各地に温泉があります。千年以上前の本にも、温泉のことが書いてあります。昔から日本人にとってお風呂は身近なものだったのでしょう。

　多くの日本人は、湯船にお湯をためて入ります。家族全員が同じお湯を使う家庭も多いです。でも、だれかが入りおわったら、お湯がきたなくなって、冷たくなってしまうと思うでしょう。日本の家庭の浴室は湯船と洗い場が別々にあるので、洗い場で体をきれいに洗ってから湯船に入ります。それに、日本のお風呂には「保温」や「追いだき」という機能があり、お湯が冷たくなってもまた温かくすることができるのです。

　街には、お金を払って入る「銭湯」というお風呂屋があります。東京都の銭湯の料金は、大人(12歳以上)で1回450円です。東京都には、約820個の銭湯があります。まず、「番台」と呼ばれる受付でお金を払ったあと、男湯と女湯にわかれます。中にはそれぞれ大きな湯船があって、子どもから大人まで、みんないっしょに入ります。

　みんなで使う銭湯には、ルールがあります。たとえば、お湯がよごれるので、自分のタオルを持ったまま湯船に入ってはいけません。また、洗い場で走り回ったり、湯船の中で泳いだりしてもいけません。ルールを守って、楽しく銭湯を利用しましょう。

독해문제 다음 문장이 본문의 내용과 맞으면 ○, 다르면 ×표 하세요.

1 日本中にたくさんの温泉があります。（　　）

2 日本人は湯船にお湯をためて入浴することが多いです。（　　）

3 最後にお風呂に入る人は、きたなくて、冷たくなってしまったお湯に入ります。（　　）

4 12歳以上の人は、銭湯に入る時、450円払います。（　　）

5 自分のタオルを持って湯船に入らなければなりません。（　　）

단어 및 표현

- お風呂 목욕
- 昔 옛날
- ためる 모으다
- 家庭 가정
- 洗い場 목욕탕에서 몸을 씻는 곳
- 保温 보온
- 機能 기능
- 払う 지불하다
- 約 약
- それぞれ 각각
- 持つ 지니다

- 全国各地 전국 각지
- 湯船 욕조
- 全員 전원
- 冷たい 차갑다
- 別々に 따로따로
- 追いだき 식은 목욕물을 다시 한 번 데우는 것
- 温かい 따듯하다
- 銭湯 공중목욕탕
- 番台 공중목욕탕의 카운터
- よごれる 더러워지다
- 走り回る 뛰어 돌아다니다

- 温泉 온천
- お湯 더운물
- 同じだ 같다
- 浴室 욕실
- 洗う 씻다
- 街 거리
- 料金 요금
- 受付 접수
- タオル 타월, 수건
- 利用する 이용하다

문형연습

❶ ～おわる　　　　　　　　　　　　　　　　　　　다 ～하다

「동사의 ます형」에 접속하여, 동작・작용의 완료를 나타낸다.

- 8時までに夕飯を食べおわりました。
- テレビを見おわったら、電源を切りなさい。
- おもちゃを使いおわったら、ここに戻してください。

❷ ～てしまう　　　　　　　　　　　　　　　　　　～해 버리다, ～하고 말다

동작의 과정이 완료되는 것을 나타낸다. 문맥에 따라서 아쉬움이나 후회 등의 기분을 담아서 사용된다. 구어에서는 「～ちゃう」가 된다.

- 彼女はもう家に帰ってしまいました。
- 昨日、携帯電話をなくしてしまいました。
- 雨にぬれたせいで、風邪をひいちゃった。

단어 및 표현

- □ 電源 전원
- □ 切る 끊다
- □ おもちゃ 장난감
- □ 戻す 되돌리다
- □ もう 이미, 벌써
- □ ぬれる 젖다
- □ 風邪をひく 감기에 걸리다

3 ～(た)まま　　　　　　　　　　　　　　　　　　　～한 채

같은 상태가 변하지 않고 이어지는 것을 나타낸다. 동사의 경우는 「た형」에 붙는다. 구어에서는 「～まんま」가 된다.

- 座った**まま**、話を聞いてください。
- コンタクトレンズをし**たまま**寝たので、目がいたいです。
- 彼に１万円借り**たまま**、１ヶ月も経ってしまいました。

- □ コンタクトレンズ 콘택트렌즈
- □ 経つ 경과하다

유부네 (湯船)

일본에서는 더운물이 담긴 욕조를 유부네라고 합니다. 왜 목욕에 배(船)라는 말을 사용할까요? 에도(江戸)시대, 도쿄(東京)는 강이나 도랑이 많은 도시였습니다. 그 시대에는 더운물을 넣은 통을 싣고 배가 수로를 이용해서 거리로 왔습니다. 즉 이동식 배의 공중목욕탕이 있었던 것입니다. 물론 지상에도 보통의 공중목욕탕은 있었지만, 배의 공중목욕탕에서는 강물을 데우기 때문에 물값이 들지 않아서 보통 공중목욕탕의 반값으로 들어갈 수 있었습니다. 공중목욕탕이 없는 지역에서도 이 배라면 강에서 이동할 수 있어서 매우 인기가 있었다고 합니다. 더운물(湯)을 실은 배(船)이므로, 그 배는 유부네(湯船)라고 불렀습니다. 그것이 현대에도 남아 있는 것입니다.

연습문제

1 文型

1 ＿＿＿の中の言葉を使って文を完成させなさい。

> おわる　　しまう　　まま

① お湯がよごれて（　　　　　）ので、体を洗ってから、湯船に入ってください。
② 自分のタオルを持った（　　　　　）湯船に入ってはいけません。
③ 時間がたつと、お湯が冷たくなって（　　　　　）と思います。
④ だれかが入り（　　　　　）と、お湯がきたなくなるでしょう。

2 ＿＿＿の中の言葉と（　）の言葉を使って、文を完成させなさい。

> 〜おわる　　〜てしまう　　〜たまま

① 彼はインフルエンザにかかって、先週からずっと（休む →　　　　　）です。
② ペットのネコが、病気で（死ぬ →　　　　　）ました。
③ 私が会社に来た時には、もう彼はすべての資料を（作る →　　　　　）いました。
④ 買ったばかりの時計が、（壊れる →　　　　　）ました。

2 ことばの使い方

1 ▢ の中のことばを一つ選んで、適当な形にして _____ に書きなさい。

　　　よごれる　　　ためる　　　払う　　　同じ　　　別々に

　❶ 部屋のカーテンがインクで_____いました。

　❷ 私だけ仕事が早く終わったので友達と_____帰ります。

　❸ 留学するために、アルバイトしてお金を_____います。

　❹ さいふを忘れてしまい、友だちがお金を_____くれました。

2 次のことばを使って _____ の短文を作りなさい。

　❶ 일본인은 목욕을 좋아한다라고 말해집니다만 왜일까요? (お風呂)

　　→ _____、なぜでしょうか。

　❷ 누군가가 목욕을 마치면 **더운물이 더러워지고 차가워져 버린다**고 생각할 것입니다.
　　(きたない、冷たい)

　　→ だれかが入りおわったら、_____と
　　思うでしょう。

　❸ 욕조와 씻는 곳이 따로따로 있기 때문에, **씻는 곳에서 몸을 깨끗하게 씻고 나서 욕조에 들어갑니다.** (洗い場)

　　→ 湯船と洗い場が別々にあるので、_____。

　❹ 더운물이 더러워지므로 **자신의 타월을 지닌 채 욕조에 들어가서는 안됩니다.**
　　(タオル、持つ)

　　→ お湯がよごれるので、_____。

회화

다음은 본문과 관련된 회화입니다. 들으면서 빈칸을 채우세요.

A：最近寒いね。

こんな日は（①　　　　）でも（②　　　　）たいなぁ。

B：そう？（③　　　　）なんて、シャワーで十分だと思うけど。

A：日本では、（④　　　　）を（⑤　　　　）入るのがふつうだよ。

B：でも、毎回お湯をかえるのは、時間もお金もかかるし、大変じゃない？

A：家族みんなが（⑥　　　　）お湯に入る時もあるよ。

B：えぇ～！

だれかが入ったお湯なんて、（⑦　　　　）るじゃない。

A：ちゃんと体をきれいに（⑧　　　　）から入るから、（⑨　　　　）よ。

B：そうなんだ。

私はだれかといっしょにお風呂に入ったことがないから。

A：（⑩　　　　）なんて、知らない人といっしょに入るんだよ。

でも広いし、きれいだし、楽しいよ。

B：ふーん、そうなんだ。今度行ってみようっと。

⑩ ことわざ 속담

여러분은 일본 속담을 알고 있습니까?
한국의 속담에는 어떤 것이 있습니까?
일본의 속담에 대해서 읽어봅시다.

주요문형 ~はずがない / ~ということ / ~も

본문

　みなさんは、なにか日本のことわざを知っていますか。ことわざには、動物がよく出てきます。「ネコに小判」、「犬猿の仲」、「カエルの子はカエル」などです。ネコに小判(お金)をあげても、ネコはその価値がわかるはずがありません。だから、「ネコに小判」は、価値がわからない人にいいものをあげてもむだだという意味です。同じ意味で「ブタに真珠」ということわざもあります。

　「犬猿の仲」は、イヌとサルのように仲が悪い人たちのことを言います。「カエルの子はカエル」は、子どもは親に似るものだということです。ほかにも、動物が出てくることわざはたくさんあるので、調べてみましょう。

　ことわざには、メッセージがあるものもあります。「石の上にも３年」というのは、どんなにつらくてもがまんしていれば、かならずいつかいいことがある、という意味のことわざです。冷たい石でも、その上に３年間も座っていれば温かくなるからです。これと似た意味で、「継続は力なり」という言葉もあります。小さな努力でも続けていけば大きな結果が出る、あきらめずに続けることが大切だ、という意味です。日本語の勉強も同じです。どんなに大変でもあきらめずに続けていけば、いつかいい結果が出るでしょう。

독해문제 다음 문장이 본문의 내용과 맞으면 ○, 다르면 ×표 하세요.

1 日本のことわざには、動物が出てくるものが多いです。（　　）

2 「ネコに小判」は、ネコにはいいものをあげた方がいいという意味です。（　　）

3 「ネコに小判」と「ブタに真珠」は同じ意味です。（　　）

4 仲がいい人たちのことを「犬猿の仲」といいます。（　　）

5 「継続は力なり」は、あきらめずに続けることが大切だという意味です。（　　）

단어 및 표현

- ことわざ 속담
- 小判 에도 시대의 금화
- カエル 개구리
- 意味 의미
- イヌ 개
- 親 부모
- 調べる 조사하다
- かならず 반드시
- 力 힘
- あきらめる 단념하다
- 動物 동물
- 犬猿 개와 원숭이
- 価値 가치
- ブタ 돼지
- サル 원숭이
- 似る 닮다
- つらい 괴롭다
- 座る 앉다
- 努力 노력
- 大切だ 중요하다
- ネコ 고양이
- 仲 사이, 관계
- むだだ 쓸데 없다, 헛되다
- 真珠 진주
- ～ように ～처럼
- ほか 그 밖
- がまんする 참다
- 継続 계속
- 結果 결과
- 出る 나오다

문형연습

1 ～はずがない　　　　　　　　　　　　　　　　　～일리가 없다

'있을 수 없다, 불가능하다, 이상하다' 등, 말하는 사람의 강한 의심을 나타낸다.

- 妹が結婚することを、私が知らないはずがない。
- あんなにいい人がそんな悪いことをするはずがないでしょう。
- 彼はアメリカに住んでいるのだから、ここにいるはずがない。

2 ～ということ　　　　　　　　　　　　　　　　　～라는 것은

이야기나 지식이나 사건 등의 내용을 구체적으로 나타낼 때 사용한다. 「～ということは、～(ということ)だ」의 형태로 어떤 상황에 대한 해석을 말할 때 사용한다.

- 電話に出ないということは、まだ寝ているのでしょう。
- 部屋の電気がついているということは、彼女は部屋にいるようだ。
- 宿題を持ってくるのを忘れたということは、やらなかったということと同じです。

단어 및 표현

☐ 電気 전기　　　☐ つく (불이) 켜지다　　　☐ 忘れる 잊다

3 〜も　　　　　　　　　　　　　　　　　　　　　　　〜이나

수량의 많음이나 정도의 높음을 강조할 때 사용한다.

- 仕事が忙しくて、もう３日も家に帰っていません。
- 簡単な仕事をしただけなのに、５万円ももらいました。
- 昨日は飲み会で、ビールを10本も飲んでしまいました。

 단어 및 표현

- 飲み会 술 모임
- ビール 맥주

 칼럼

일본과 한국의 속담

일본과 한국의 속담은 닮은 것이 많이 있습니다. 예를 들면, 본문에 나온 「石の上にも３年」은, 한국에서는 '돌도 십년을 보고 있으면 구멍이 뚫린다'와 같은 의미입니다. 강한 사람이 더욱 강해진다는 의미의 「鬼に金棒(귀신에 쇠몽둥이)」는 '범에 날개', 적은 양을 나타내는 「スズメの涙(참새의 눈물)」는 '새발의 피'입니다. 또 같은 말이지만 다른 의미인 경우도 있습니다. 「八方美人」은 한국에서는 무엇이든지 할 수 있는 사람을 말하지만, 일본에서는 누구를 대해도 잘 대접하는 사람이라는 것으로 나쁜 의미로 사용되는 경우가 많습니다.

연습문제

① 文型

1 ＿＿＿＿の中の言葉を使って文を完成させなさい。

　　　はずがない　　　ということ　　　も

❶ 冷たい石でも、その上に3年間（　　　　　　）座っていれば温かくなります。

❷ 「カエルの子はカエル」は、子どもは親に似るものだ（　　　　　　）です。

❸ ネコにお金をあげても、その価値がわかる（　　　　　　）のです。

❹ 「石の上にも3年」は、小さな努力でも続けていけば大きな結果が出る
　（　　　　　　）です。

2 ＿＿＿＿の中の言葉と（　）の言葉を使って、文を完成させなさい。

　　　～はずがない　　　～ということ　　　～も

❶ 久しぶりに会った友だちと、カフェで（3時間→　　　　　　）話して
　しまったよ。

❷ 彼はすごく正直な人だから、うそを（つく→　　　　　　）と信じています。

❸ 今、仕事を（やめる→　　　　　　）は、夢をあきらめるということです。

❹ 遊んでばかりいたら、大学に合格（できる→　　　　　　）でしょう。

2 ことばの使い方

1 ＿＿＿の中のことばを一つ選んで、適当な形にして ＿＿＿ に書きなさい。

> むだ　　結果　　つらい　　がまんする　　調べる

❶ レポートを書くために、日本のことわざについて＿＿＿＿います。

❷ 注射をするので、いたくても少し＿＿＿＿てください。

❸ プロジェクトが中止になり、準備したものがすべて＿＿＿＿になりました。

❹ テストの＿＿＿＿を聞いて、彼女は泣きだしてしまいました。

2 次のことばを使って ＿＿＿ の短文を作りなさい。

❶ 속담에는 동물이 자주 나옵니다. （ことわざ、動物）

→ ＿＿＿＿＿＿＿＿＿＿＿＿＿＿＿＿＿＿＿＿。

❷ '돼지에 진주'는 가치를 모르는 사람에게 좋은 것을 줘도 쓸데없다고 하는 의미입니다.
（価値、むだ）

→ 「ブタに真珠」は、＿＿＿＿＿＿＿＿＿＿＿＿＿＿＿という意味です。

❸ 아무리 괴로워도 참고 있으면 반드시 언젠가 좋은 일이 있습니다. （かならず）

→ どんなにつらくてもがまんしていれば、＿＿＿＿＿＿＿＿＿＿＿。

❹ 일본어 공부도 단념하지 않고 계속해 가면, 언젠가 결과가 나올 것입니다.
（あきらめる、続ける）

→ ＿＿＿＿＿＿＿＿＿＿＿＿＿＿＿、いつか結果が出るでしょう。

회화

다음은 본문과 관련된 회화입니다. 들으면서 빈칸을 채우세요.

A：わ、その指輪、すごいね。どうしたの？

B：タクマくんにもらったの。チョン・ジヒョンと（①　　　　）ものなんだって。

A：えぇ！そんなに高いプレゼントをくれたの！？

B：私はあんまりブランドに興味がないから、よくわからないんだけど…。

A：すっごく高いんだよ、それ。

まったく、（②　　　　）に（③　　　　）だね。

B：どういう（④　　　　）よ？

私だって、ダイヤモンドの（⑤　　　　）ぐらいわかるわよ。

A：タクマくんは、それを買うために、ずっとバイトを続けていたんだね。

B：うん。（⑥　　　　）時も、私のために（⑦　　　　）いてくれたみたい。

A：うーん、彼の（⑧　　　　）が（⑨　　　　）にならないといいけど。

B：わかってるわよ。ずっと（⑩　　　　）にするわ。

この指輪も、タクマくんも！

11 夏祭り 여름 마쓰리

여름 마쓰리에 간 적이 있습니까?
여름 마쓰리에는 어떤 상점이 나오는지 알고 있습니까?
일본의 여름 마쓰리에 대해서 읽어봅시다.

주요문형 ～てくる / ～かた / ～てもいい

본문

夏になると、日本では、全国各地で祭りが開かれます。青森県のねぶた祭り、高知県のよさこい祭りなどが有名です。

祭りには、浴衣を着てくる人がたくさんいます。浴衣は着物より安くて、着かたが簡単です。また、生地がうすいので、夏に着ても暑くありません。それに、たくさんの色や模様があるので、若い人にも人気があります。

そして、祭りといえば、屋台です。屋台は、移動することができて、屋根がある小さなお店のことです。祭りの屋台では、焼きそば、わたあめ、かき氷など、いろいろな食べ物を売っています。また、金魚すくいや射的など、簡単なゲームができる屋台もあります。金魚すくいは、うすい紙をはった道具で、泳いでいる金魚をすくうゲームです。取った金魚は、家に持って帰ってもいいです。

祭りで人がたくさん集まると、花火をしたり、盆おどりをしたりします。盆おどりは、たいこや歌に合わせて、みんなで丸くなっておどります。もともとは、死んだ人の霊を送るための仏教のおどりでしたが、今では祭りに来た人たちが楽しむためのイベントになっています。

このように、日本の祭りはとてもにぎやかで楽しいものです。祭りに行くと、「日本の夏」を感じることができるでしょう。

독해문제 다음 문장이 본문의 내용과 맞으면 ○, 다르면 ×표 하세요.

1 夏には、青森県、高知県だけで祭りが開かれます。（　　）

2 浴衣は安くて、生地がうすいです。（　　）

3 屋根がついていて、移動できる小さなお店のことを、屋台といいます。（　　）

4 屋台は、食べ物だけを売るお店のことです。（　　）

5 盆おどりはもともと、仏教のおどりでした。（　　）

단어 및 표현

- 全国各地 전국 각지
- 浴衣 유카타
- うすい 얇다
- 屋台 포장마차
- 焼きそば 야키소바
- 金魚すくい 금붕어 건지기 놀이
- はる 붙이다
- 花火 불꽃놀이
- 合わせる 합치다
- もともと 원래
- イベント 이벤트
- 祭り 축제
- 着物 기모노
- 色 색
- 移動する 이동하다
- わたあめ 솜사탕
- 射的 공기총 놀이
- すくう 뜨다, 건져내다
- 盆おどり 우란분재에 추는 춤
- 丸い 둥글다
- 霊 영혼
- 感じる 느끼다
- 開く 열리다
- 生地 직물
- 模様 모양
- 屋根 지붕
- かき氷 빙수
- 紙 종이
- 集まる 모이다
- たいこ 북
- おどる 춤추다
- 仏教 불교

문형연습

1 ～てくる　　　　　　　　　　　　　　　　　　　　　～하고 오다

어떤 행위를 하고 나서 오는 것을 나타낸다.

- ちょっと電話をかけてきます。
- １時間も歩いてきたので、疲れました。
- 母を呼んできますから、ここで待っていてください。

2 ～かた　　　　　　　　　　　　　　　　　　　　　　～하는 법

「동사의 ます」형에 붙어 '～하는 방법'이란 뜻을 나타낸다.

- 駅への行きかたがわかりません。
- この漢字の読みかたを教えてください。
- コンピューターの使いかたは、この紙に書いてあります。

단어 및 표현

- □ 電話をかける 전화를 걸다
- □ 疲れる 피곤하다
- □ 呼ぶ 부르다
- □ 紙 종이

③ ～てもいい　　　　　　　　　　　　　　　～해도 된다

허가나 허용을 나타낸다. 「～てもかまわない」와 거의 같은 의미이다.

- テストが終わった人は帰っ**てもいい**です。
- お酒が嫌いなら、飲まなく**てもいい**です。
- このくつを、ちょっとはいてみ**てもいい**ですか。

- □ くつ 구두
- □ はく 신다

유카타 (浴衣) ゆかた

유카타는 원래 목욕 후에 입는 옷이었습니다. 에도(江戸)시대에 서민에게 보급되었을 즈음에는 이미 지금과 같은 면사 직물을 사용하고 있었다고 합니다. 그 후 목욕 후뿐만 아니라 잘 때나 집에 있을 때에도 입게 되었습니다. 게다가 불꽃놀이나 본오도리(盆踊り)를 출 때에는 서민이 밤에 다니는 것이 허락되어 유카타는 외출복으로서 정착되고, 메이지(明治)시대 이후에는 완전히 여름의 평상복이 되었습니다. 최근에는 전통 옷집뿐만 아니라 유니클로와 같은 어패럴 브랜드도 저렴한 유카타를 판매하기 시작했습니다. 색과 무늬도 유행을 타지 않는 짙은 남색이나 흰색 뿐만 아니라 핑크나 빨강, 황색 등 선명한 것이 많아졌습니다. 그 때문에 어린이나 젊은이에게도 인기가 있습니다.

연습문제

1 文型

1 ____ の中の言葉を使って文を完成させなさい。

> てくる　　　かた　　　てもいい

❶ 浴衣はふつうの和服より着（　　　　　）も簡単で、値段も安いです。
❷ 祭りには、浴衣を着（　　　　　）人がたくさんいます。
❸ 金魚すくいで取った金魚は、家に持って帰っ（　　　　　）です。
❹ 盆おどりのおどり（　　　　　）を教えてください。

2 ____ の中の言葉と（　）の言葉を使って、文を完成させなさい。

> ～てくる　　　～かた　　　～てもいい

❶ おなかがいたいなら、授業を (休む →　　　　　) ですよ。
❷ ハングルの (書く →　　　　　) がわからないので、カタカナで書きます。
❸ 明日からタイに旅行に (行く →　　　　　) ので、また来週会いましょう。
❹ わからない単語があったら、辞書を (使う →　　　　　) です。

2 ことばの使い方

1　_____の中のことばを一つ選んで、適当な形にして_____に書きなさい。

　　　開く　　　移動する　　　イベント　　　集まる　　　合わせる

❶ これは、CDを買った人だけが行ける_____です。

❷ 明日(あした)は遊園地(ゆうえんち)に行くので、9時までに駅前に_____てください。

❸ みんなでリズムを_____て歌ってください。

❹ 来月、パクさんの誕生日(たんじょうび)パーティーを_____うと思います。

2　次のことばを使って_____の短文を作りなさい。

❶ 유카타는 기모노보다 싸고 입는 법이 간단합니다.（簡単(かんたん)だ）

　→ 浴衣(ゆかた)は着物(きもの)より_____。

❷ 포장마차는 이동할 수 있고 지붕이 있는 작은 가게입니다.（移動(いどう)する、屋根(やね)）

　→ 屋台(やたい)は、_____のことです。

❸ 본오도리는 북이나 노래에 맞춰서 모두 둥글게 되어 춤춥니다.
　（たいこ、合わせる、丸(まる)い）

　→ 盆(ぼん)おどりは、_____おどります。

❹ 일본의 마쓰리는 매우 떠들썩하고 즐거운 이벤트입니다.（イベント）

　→ 日本の祭(まつ)りは_____。

회화

다음은 본문과 관련된 회화입니다. 들으면서 빈칸을 채우세요.

A：来週、近所（きんじょ）で（①　　　　）があるんだけど、いっしょに行かない？

B：わぁ、行く、行く！（②　　　　）を着て行くわ！

A：自分で着られるの？ しかも暑いんじゃない？

B：着るのは（③　　　　）だから大丈夫よ。

　それに、浴衣（ゆかた）は生地（きじ）が（④　　　　）から、そんなに暑くないし。

A：それならいいけど。どんな浴衣？

B：（⑤　　　　）はピンクで、（⑥　　　　）は花柄（はながら）なの。

　先週買い物に行ったら、安くてかわいかったから、

　つい買っちゃった。

A：へぇ、早く見たいな。

　祭りに行ったら、（⑦　　　　）でいろいろ食べようね。

B：もちろん！わたあめを食べて、（⑧　　　　）を食べて…

　（⑨　　　　）もしたいわ。

A：祭りの最後には、（⑩　　　　）もあるんだって。

　いっしょに見に行こう。

B：すっごく楽しみ。さそってくれて、ありがとう！

 12 若者言葉
わかものことば
젊은이 말

최근 한국에서는 어떤 말이 유행하고 있습니까?
젊은이가 사용하는 말에는 어떤 것이 있습니까?
일본 젊은이의 말에 대해서 읽어봅시다.

주요문형　～だす / ～なくてもかまわない / ～かどうか

본문

　「シカトする」「コクる」「うざい」のような言葉を聞いたことがありますか。「シカトする」は無視すること、「コクる」は告白すること、「うざい」はいやだと思う気持ちを表す言葉です。このような言葉は、だれかが使いだして、若い人たちを中心に流行したものです。

　流行の中心は、女子中高生です。彼女たちが選ぶ「ケータイ流行語大賞2011」では、「リア充」「てへぺろ」「あげぽよ」が流行語のベスト3になりました。「リア充」は、「リアル充実」を短くした言葉です。よくインターネットを使う人たちが、現実の世界での生活を楽しんでいる人のことを、こう呼びました。女子高生は、恋人がいる人や恋愛をしている人のことを「リア充」と呼んでいます。「てへぺろ」は、人気がある声優やアイドルが使いだして、流行しました。なにか失敗した時に、「てへ」と照れ笑いをしながら、ペロッと舌を出す様子を表しています。「あげぽよ」は、テンションが上がっている時に使う言葉で、意味はありません。若者言葉は、特に意味はなくてもかまわないようです。

　日本人が使う言葉が「正しい」日本語であるかどうかはわかりません。言葉は時代によって変化していくものです。これから、どんな新しい言葉ができるでしょうか。

독해문제 다음 문장이 본문의 내용과 맞으면 ○, 다르면 ×표 하세요.

1 「シカトする」は、「告白する」という意味の若者言葉です。（　　）

2 「コクる」「うざい」などは、だれかが使い始めて、流行した言葉です。（　　）

3 流行の中心は、中学生や高校生の女の子です。（　　）

4 どの若者言葉にも、意味があります。（　　）

5 言葉は時代によって変化していくものです。（　　）

단어 및 표현

- 無視する 무시하다
- 表す 나타내다
- 流行する 유행하다
- ケータイ 휴대전화
- 現実 현실
- 恋人 연인
- 失敗する 실패하다
- 様子 모양
- 意味 의미
- 時代 시대
- 告白する 고백하다
- 若い 젊다
- 中高生 중고생
- 大賞 대상
- 生活 생활
- 恋愛 연애
- 照れ笑い 수줍게 웃는 웃음
- テンション 텐션, 정신적 긴장
- 特に 특히
- ～によって ～에 따라
- 気持ち 기분
- 中心 중심
- 選ぶ 고르다
- 流行語 유행어
- 楽しむ 즐기다
- 声優 성우
- 舌 혀
- 上がる 올라가다
- 正しい 바르다
- 変化する 변화하다

12 若者言葉 젊은이 말

문형연습

① ～だす　　　　　　　　　　　　　　　　　～하기 시작하다

「동사의 ます형」에 붙어, 동작의 시작을 나타낸다. 갑자기 시작한다는 뉘앙스를 포함하는 경우가 많다.

・彼は家に帰ってくるとすぐにテレビを見だしました。

・朝は晴れていたのに、夜になって雨が降りだしました。

・さっきまで笑っていた子どもが、急に泣きだしました。

② ～なくてもかまわない　　　　　　　　　　～하지 않아도 상관없다

'～할 필요가 없다, ～하지 않아도 좋다'는 의미를 나타낸다.

・予定があるなら、来なくてもかまいません。

・JLPTのN2を持っているなら、このテストは受けなくてもかまいません。

・毎日しなくてもかまわないので、たまにジョギングをしてください。

단어 및 표현

- すぐに 곧
- さっき 좀 전
- 急に 갑자기
- 予定 예정
- (テストを)受ける (시험을) 치르다
- ジョギング 조깅

❸ ～かどうか　　　　　　　　　　　　　　　～할지 어떨지

'~할지 ~하지 않을지, ~인지 ~아닌지'라는 의미를 나타낸다.

- 留学に行く**かどうか**は、あなたが自分で決めなさい。
- このドラマがおもしろい**かどうか**は、見てから話しましょう。
- 明日のパーティーにキムさんが来る**かどうか**知っていますか。

☐ 決める 정하다

젊은이 말 (若者言葉)

젊은이 말은 보통 특정 친구 사이에 사용하는 것입니다. 어른은 모르고 친구에게만 통한다는 것이 비밀 말인 것 같아서 쓰기 쉽지요. 그 때문에 「死ぬ(죽다)」를 「タヒる」라고 말하거나 「気色悪い(언짢다)」를 「キショい」로 말하며, 나쁜 의미의 말을 암호적으로 사용하는 경우도 많습니다. 지금까지 없었던 말을 새롭게 만들어 낸다는 것으로 젊은이 말은 창조적이지만, 한쪽에서 젊은이의 언어력 저하도 위험시 되고 있습니다. 예를 들면 「ヤバイ」라는 말이 있습니다. 원래는 「위험하다」라는 의미였지만, 현대의 젊은이는 「훌륭하다, 맛있다, 멋있다」 등의 의미로 사용하고 있습니다. 이러한 말을 사용하면 자신의 의사나 감정을 적절하게 표현할 수 없게 되는 것은 아닐까 하고 문제시 하는 사람도 있습니다.

연습문제

1 文型

1 ＿＿＿ の中の言葉を使って文を完成させなさい。

> だす　　　なくても　　　かどうか

❶ だれかが使い（　　　　　　）と、若い人たちを中心に流行しました。
❷ 日本人が使う言葉が正しい日本語である（　　　　　　）はわかりません。
❸ 若者言葉は、意味は（　　　　　　）かまわないようです。
❹ アイドルが「てへぺろ」と言い（　　　　　　）と、女子中高生も使うようになりました。

2 ＿＿＿ の中の言葉と（　）の言葉を使って、文を完成させなさい。

> ～だす　　　～なくてもかまわない　　　～かどうか

❶ とても難しいので、子どもは (知る → 　　　　　　) ことです。
❷ 太田さんに韓国料理が (好き → 　　　　　　)、聞いてみてください。
❸ 彼女は、好きなアイドルのことを (話す → 　　　　　　) と止まりません。
❹ 面接で、コンピューターが (使える → 　　　　　　) 聞かれました。

2 ことばの使い方

1　＿＿＿の中のことばを一つ選んで、適当な形にして＿＿＿に書きなさい。

> 無視する　　選ぶ　　流行する　　変化する　　特に

❶ これは去年、韓国で＿＿＿＿歌なので、みんな知っています。

❷ 私は辛（から）いものならなんでも好きですが、＿＿＿＿タイ料理が好きです。

❸ 悪口（わるぐち）やうわさは＿＿＿＿ほうがいいですよ。

❹ この中から、好きなものを一つ＿＿＿＿ください。

2　次のことばを使って＿＿＿の短文を作りなさい。

❶ 「うざい」는 싫다고 생각하는 기분을 나타내는 말입니다. (気持（きも）ち、表（あらわ）す、言葉)

→ 「うざい」は＿＿＿＿＿＿＿＿＿＿＿＿＿＿＿＿＿＿＿＿。

❷ 누군가가 사용하기 시작해서 젊은 사람들을 중심으로 유행한 말입니다. (だれか、若（わか）い、中心（ちゅうしん）)

→ ＿＿＿＿＿＿＿＿＿＿＿＿＿＿＿＿＿＿流行した言葉です。

❸ 젊은이 말은 특히 의미는 없어도 상관없는 것 같습니다. (特（とく）に、意味（いみ）)

→ 若者言葉（わかものことば）は、＿＿＿＿＿＿＿＿＿＿＿＿＿＿＿＿＿＿＿＿。

❹ 말은 시대에 따라 변화해가는 것입니다. (時代（じだい）、〜によって、変化（へんか）する)

→ 言葉は＿＿＿＿＿＿＿＿＿＿＿＿＿＿＿＿＿＿＿＿。

12 若者言葉 젊은이 말

A：ねぇねぇ、ヒロくんがマイちゃんにコクったって、聞いた？

B：え？ コク…？

A：（①　　　　　）ってことよ。あーあ、ヒロくんもリア充かぁ。

B：リア充って、なに？

A：（②　　　　　）を（③　　　　　）いて、リアルが充実してるって意味よ。（④　　　　　）のに、知らないの？

B：僕はそんな言葉、使わないよ。

　　（⑤　　　　　）の間で（⑥　　　　　）だけだろ。

A：あら、言葉なんて（⑦　　　　　）が作るものでしょ。

　　使う人が多くなれば、それが（⑧　　　　　）言葉になるのよ。

B：（⑨　　　　　）は、いつかなくなるものだよ。

　　昔は「超ベリーバッド」なんて言っている人もいたけど、今はだれも使わないじゃないか。

A：わぁ、なつかしい。

　　「チョベリバ」とか言っていた（⑩　　　　　）もあったわね。

B：ほら、「リア充」だって、いつかはそういうなつかしい言葉になると思うよ。

住宅 주택

여러분은 어떤 집에 살고 있습니까?
한국의 집과 일본의 집은 무엇이 다를까요?
일본과 한국의 주택에 대해서 읽어봅시다.

주요문형 ～たがる / ～さ / ～のだ

본문

　みなさんは、どんな家に住んでいますか。一戸建てですか。それとも、マンションやアパートですか。韓国では、アパートが人気ですが、日本では、一戸建ての家に住みたがる人が多いです。

　日本では、「マンション」は、高級な家のことです。「アパート」は、木でつくった少し古い家のことをいいます。建物の高さも、アパートよりマンションのほうが高いです。韓国では、「アパート」が高級で、「マンション」が少し古い家なので、日本と反対です。

　日本と韓国では、家の中のつくりもちがいます。韓国の家は、ふつう玄関を入ると、すぐに居間があります。家族が集まる居間が、家の中心にあるのです。ほかの部屋に入る時は、居間を通っていきます。日本の家は、玄関を入ると、すぐに廊下があります。廊下から、それぞれの部屋に入ることができます。そして、居間は廊下の奥にあります。廊下があると、部屋が少しせまくなりますが、ほかの部屋の音が聞こえなくて静かです。

　韓国の家は、お風呂とトイレが同じ場所にあります。しかし、日本では、お風呂とトイレは別になっています。日本人は、毎日お風呂に入る人が多いです。そのため、お風呂とトイレが別の方が、便利なのです。

　同じ家でも、韓国と日本ではたくさんのちがいがあります。みなさんは、将来、どんな家に住みたいですか。

독해문제 다음 문장이 본문의 내용과 맞으면 ○, 다르면 ×표 하세요.

1 日本人には、高級アパートが人気です。（　　）

2 日本では、木でつくった古い建物の家を「アパート」といいます（　　）

3 日本の家は、玄関を入ると、すぐに居間があります。（　　）

4 廊下があると、部屋がせまくなります。（　　）

5 日本人は毎日お風呂に入るので、お風呂とトイレがいっしょにあります。（　　）

단어 및 표현

- 一戸建て 단독주택
- 高級だ 고급스럽다
- 反対 반대
- ふつう 보통
- 集まる 모이다
- 部屋 방
- 廊下 복도
- 音 소리
- 場所 장소
- 将来 장래

- マンション 중·고층의 고급 아파트
- 古い 낡다
- つくり 구조
- 玄関 현관
- 中心 중심
- 通る 지나다, 통과하다
- それぞれ 각각
- 聞こえる 들리다
- 別 구별

- アパート 1~2층으로 된 공동 주택
- 建物 건물
- ちがう 다르다
- 居間 거실
- ほか 딴곳, 딴데
- すぐに 곧
- 奥 구석
- 風呂 욕실
- ちがい 차이

13 住宅 주택

문형연습

1. ～たがる　　　　　　　　　　　　　　　　　　　　　　　　　　～하고 싶어하다

제3자의 희망이나 요구를 나타낸다. 말하는 사람의 희망이나 요구를 나타내는 경우는「～たいです」를 사용한다.

- 姉は、この映画を見たがっています。
- 娘は、魚が嫌いで、ぜんぜん食べたがりません。
- そんな大変な仕事は、だれもしたがらないでしょう。

2. ～さ

「い형용사・な형용사」의 어간에 붙어 명사를 만든다.

- あのビルの高さは、634メートルです。
- 飛行機に乗る前に、荷物の重さをはかります。
- 日本に行って、留学の大変さがわかりました。

 단어 및 표현

- □ 娘 딸
- □ 荷物 짐
- □ はかる 재다
- □ 留学 유학

3 〜のだ　　　　　　　　　　　　　　　　　　〜한 것이다, 〜인 것이다

사정을 듣거나, 말하거나 할 때 사용한다. 또한, 의뢰나 권유, 허가나 정보를 요구할 때 서론으로 사용한다. 구어에서는 「〜のだ／〜のです」가 아니라 「〜んです」를 사용하는 경우가 있다.

・彼が、どこに行ったか、だれもわからない**のです**。

・昨日からおなかが痛くて、何も食べられない**のです**。

・土曜日は、高田さんの結婚式がある**んです**。

□ おなか 배　　　　　　　□ 結婚式 결혼식

 칼럼

일본의 집세

일본에서 집을 얻을 때 필요한 돈에는 어떠한 것이 있을까요? 우선은 집세(家賃)입니다. 앞으로 거주할 집의 집세를 선지급하는 것이 일반적입니다. 다음으로 사례금(礼金)입니다. 이것은 집주인에게 주는 사례로 집세 1~2개월분을 건네는 경우가 많습니다. 그리고 보증금(敷金)도 필요합니다. 보증금은 집을 빌린 사람이 집을 더럽히거나 파손했을 경우에 원래 상태로 수리하기 위한 비용입니다. 수리할 필요가 없는 경우는 퇴거시에 환불됩니다. 보증금도 일반적으로 집세의 1개월 분을 맡깁니다. 그 외에는 중개한 부동산 소개소에 수수료를 지불해야 합니다. 이것도 일반적으로 집세 1개월분입니다.

연습문제

1 文型

1 ＿＿＿の中の言葉を使って文を完成させなさい。

> たがる　　さ　　のです

❶ 日本の「マンション」は、高（　　　　　）が高くて、高級な家です。

❷ 日本では、一戸建ての家に住み（　　　　　）人が多いです。

❸ 家族が集まる居間が、家の中心にある（　　　　　）。

❹ 家をさがす時に、部屋の広（　　　　　）は大事です。

2 ＿＿＿の中の言葉と（　）の言葉を使って、文を完成させなさい。

> ～たがる　　～さ　　～のだ

❶ 毎日、おばさんがこのネコに食べ物を（あげている →　　　　　）と聞きましたが、本当ですか。

❷ 弟もバイクに（乗る →　　　　　）いますが、あぶないので、父がゆるしません。

❸ 父が、加藤さんに（会う →　　　　　）います。

❹ 今年の夏の（暑い →　　　　　）は、普通じゃありません。

2 ことばの使い方

1 ◯◯◯ の中のことばを一つ選んで、適当な形にして ＿＿＿ に書きなさい。

　　　　　聞こえる　　ほか　　それぞれ　　奥　　通る

❶ となりの部屋からピアノの音が＿＿＿＿てきます。

❷ 私はよく知りませんから、＿＿＿＿の人に聞いてください。

❸ この部屋の＿＿＿＿に、階段があります。

❹ あのアニメが人気なのは、＿＿＿＿のキャラクターに個性があるからです。

2 次のことばを使って ＿＿＿ の短文を作りなさい。

❶ 한국에서는 아파트가 고급이고 맨션이 조금 낡은 집입니다. （アパート、高級、マンション、古い）

　→ 韓国では、＿＿＿＿＿＿＿＿＿＿＿＿＿＿＿＿＿＿＿です。

❷ 다른 방에 들어갈 때는 거실을 지나서 갑니다. （ほか、部屋、居間、通る）

　→ ＿＿＿＿＿＿＿＿＿＿＿＿＿＿＿＿＿＿＿いきます。

❸ 복도가 있으면 다른 방의 소리가 들리지 않아서 조용합니다. （ほか、部屋、音、聞こえる）

　→ 廊下があると、＿＿＿＿＿＿＿＿＿＿＿＿＿＿＿＿＿。

❹ 여러분은 장래 어떤 집에 살고 싶습니까. （将来）

　→ みなさんは、＿＿＿＿＿＿＿＿＿＿＿＿＿＿＿＿＿。

회화

다음은 본문과 관련된 회화입니다. 들으면서 빈칸을 채우세요.

A : あーあ、僕たちも早く（①　　　　）の家に住みたいね。

B : そうね。この（②　　　　）、少しせまいしね。

A : この家、高く売れないかな。少し（③　　　　）ても、駅から近いし、この街は若い人にも人気があるんだけどな。

B : んー、でも、ここを売っただけだと、あまりいい家は買えないと思うわ。（④　　　　）のことを考えたら、子どもの（⑤　　　　）も必要だし。

A : そうだね。いつも家族が（⑥　　　　）ように、（⑦　　　　）ももっと広い方がいいしね。

B : あと、あなたが趣味でギターを弾くから、となりの家に音が（⑧　　　　）ようにしないとね。

A : うん。それも大事だなぁ。

B : それに、あなたの会社や子どもの学校からも遠くない方がいいでしょ？（⑨　　　　）もよく考えないといけないわね。

A : うん、あとは広い（⑩　　　　）があったら、最高だな。

B : はあ…いろいろ考えていると、ずっと買えないかもしれないわね。

14 出前 <small>で まえ</small> 요리 배달

여러분은 배달 음식을 자주 시켜 먹습니까?
배달이 되는 음식에는 어떤 것이 있습니까?
일본의 배달 음식 문화에 대해서 읽어봅시다.

주요문형　～に / ～そうだ / ～ておく

본문

　　お店に電話をかけて、家に食べ物を配達してもらうことを、日本では「出前」といいます。「出前」という言葉の由来は、二つあります。一つは、「前」は「一人前」のように、ものの量を表す言葉です。それで、一人分を出す、二人分を出すという意味から、「出前」になったといわれています。また、「出ていって、あなたの前に配達する」ので「出前」になった、という話もあります。

　　あなたは1ヶ月に何回ぐらい出前を利用しますか。韓国ではフライドチキンが人気ですが、日本ではチキンの出前はあまり多くありません。日本で出前というと、すし、ピザ、そば、中華料理などが人気です。

　　では、あなたはどんな時に出前を利用しますか。きっと、「なにか食べたいけれど、外には出たくない時」でしょう。だから、出前の注文は雨の日に多いそうです。また、家族や友達が集まることが多い週末やクリスマス、年末年始などにも出前の注文が増えます。

　　出前と似たもので、「仕出し」という言葉があります。どちらも、できあがった料理を配達するということは同じです。仕出しは、大人数のパーティーや宴会、お葬式などの時のお弁当や和食のことで、先に予約をしておくことが必要です。

　　出前の方法は、電話で注文するのがふつうですが、最近では、ホームページで注文できるお店もあります。料理をしないで家でごはんが食べたい人にとって、出前は手軽で便利なサービスです。

독해문제 다음 문장이 본문의 내용과 맞으면 ○, 다르면 ×표 하세요.

1 日本でも、韓国でも、フライドチキンの出前が人気です。（　　）

2 出前の注文が多いのは、雨が降っている日です。（　　）

3 クリスマスは人が集まるので、出前の注文も多くなります。（　　）

4 「仕出し」は、先に予約をしておかなければなりません。（　　）

5 出前をする時はインターネットでしか注文できません。（　　）

단어 및 표현

- 配達する 배달하다
- 一人前 일인분
- フライドチキン 프라이드 치킨
- 中華料理 중화요리
- 年末年始 연말연시
- 仕出し 주문요리 배달
- 宴会 연회
- 和食 일식
- 方法 방법
- 出前 요리 배달
- 量 양
- あまり 그다지, 별로
- 注文 주문
- 増える 늘다, 증가하다
- できあがる 완성하다
- お葬式 장례식
- 先に 먼저
- ～にとって ～에 있어서
- 由来 유래
- 利用する 이용하다
- そば 메밀국수
- 週末 주말
- 似る 닮다
- 大人数 많은 사람
- お弁当 도시락
- 予約 예약
- サービス 서비스

문형연습

1 ~に　　　　　　　　　　　　　　　　　　　　　　　　　　　~에

시간이나 날짜를 나타내는 말에 붙어, 그 기간에 행하는 것의 빈도를 나타낸다.

- 旅行中、１日に３回は電話してください。
- みんな忙しいので、３か月に１回しか家族に会えません。
- 私は映画を見るのが趣味で、１ヶ月に10本ぐらい映画を見ます。

2 ~そうだ　　　　　　　　　　　　　　　　　　　　　　　　~라고 한다

자신이 직접 경험한 것이 아닌, 다른 사람에게 들은 것이나 어딘가에서 알게된 정보를 말할 때 사용한다.

- 彼女は来年結婚して中国に帰るそうだ。
- 天気予報によると、明日は雪が降るそうだ。
- 来月、あそこに新しいデパートができるそうだ。

단어 및 표현

- ~しか ~밖에
- 雪 눈
- 趣味 취미
- 天気予報 일기예보

3 ～ておく　　　　　　　　　　　　　　　　　　　　　　～해 두다

「동사의 て형」에 접속하여 무언가를 하고, 그 결과의 상태를 지속시킨다는 의미를 나타낸다. 구어에서는 「～とく」가 된다.

- 電話で予約を**しておくと**、映画館にすぐ入れます。
- 食べる時まで、スイカを冷蔵庫に入れ**ておいて**ください。
- 道がわかるように、地図を書い**とく**ね。

- □ 予約 예약
- □ 冷蔵庫 냉장고
- □ 映画館 영화관
- □ 地図 지도
- □ スイカ 수박

 칼럼

택배 초밥(宅配すし)

일본에서는 옛날부터 요리 배달의 기본이라고 하면 초밥입니다. 설날에 오세치(おせち)만으로는 부족해서 택배 초밥을 주문하는 사람도 많다고 합니다. 2012년에는 대형 슈퍼마켓인 이온(イオン)이 택배 초밥을 시작한 것이 화제가 되었습니다. 인터넷으로 주문을 받는 것으로 비용을 절감하고, 바로 만들어낸 초밥을 손님이 희망하는 시간에 배달하는 것이 가능합니다. 일본의 초밥 업계의 규모는 2005년 시점으로 약 1.4조엔인데, 그 중에서 택배 초밥이 차지하는 점유율은 약 3%정도라고 합니다. 회전 초밥 등 저렴한 초밥이 인기를 모으는 가운데, 이러한 서비스가 택배 초밥의 인기를 올리는 계기가 되는 것일지도 모르겠습니다.

연습문제

1 文型

1 ＿＿＿＿の中の言葉を使って文を完成させなさい。

> に　　　そう　　　ておく

❶ あなたは1ヶ月（　　　　　）何回ぐらい出前を利用しますか。

❷ 出前の注文は雨の日に多い（　　　　　）です。

❸ 仕出しは、先に予約をし（　　　　　）ことが必要です。

❹ クリスマスや年末年始には出前の注文が増える（　　　　　）です。

2 ＿＿＿＿の中の言葉と（　）の言葉を使って、文を完成させなさい。

> 〜に　　　〜そうだ　　　〜ておく

❶ ニュースによると、昨日この近くで事故が（ある →　　　　　）です。

❷ ダイエットのため、（1週間・3回 →　　　　　）はジムに行くことにしています。

❸ テストに出るので、それまでにこの単語をかならず（覚える →　　　　　）ください。

❹ 明日までにレストランに電話をして、（予約する →　　　　　）ます。

2 ことばの使い方

1 ＿＿＿ の中のことばを一つ選んで、適当な形にして ＿＿＿ に書きなさい。

> あまり　　できあがる　　増える　　先に　　ふつう

❶ 甘いものを食べすぎて体重が＿＿＿＿＿しまいました。

❷ 嫌いな食べ物は＿＿＿＿＿ありませんが、納豆だけは食べられません。

❸ ホテルを予約するより＿＿＿＿＿飛行機のチケットを探してください。

❹ 今かいている絵が＿＿＿＿＿たら、見せてください。

2 次のことばを使って ＿＿＿ の短文を作りなさい。

❶ 한국에서는 치킨 요리 배달이 인기입니다만 일본에서는 그다지 많지 않습니다. （出前）

→ 韓国ではチキンの ＿＿＿＿＿＿＿＿＿＿＿＿＿＿＿＿＿＿＿＿。

❷ 뭔가 먹고 싶지만 밖에는 나가고 싶지 않을 때에 요리 배달을 이용하는 사람들이 많습니다.
（利用する）

→ ＿＿＿＿＿＿＿＿＿＿＿＿＿＿＿＿＿＿＿＿ 人が多いです。

❸ 가족이나 친구가 모이는 일이 많은 주말이나 크리스마스, 연말연시 등에도 요리 배달의 주문이 늘어납니다. （大人数、集まる、クリスマス、年末年始）

→ ＿＿＿＿＿＿＿＿＿＿＿＿＿＿＿＿＿＿ 出前の注文が増えます。

❹ 요리 배달의 방법은 전화로 주문하는 것이 보통입니다. （方法、注文する、ふつう）

→ 出前の ＿＿＿＿＿＿＿＿＿＿＿＿＿＿＿＿＿＿＿。

회화

다음은 본문과 관련된 회화입니다. 들으면서 빈칸을 채우세요.

A：あぁ、おなかがすいたな。なにか（①　　　　）でも取らない？

B：そうね。ちょうどお昼だし、（②　　　　）でも（③　　　　）か。

A：えぇ～。もっと（④　　　　）が多くて高いものが食べたいなぁ。フランス料理とか。

B：そんなの（⑤　　　　）までに時間がかかるし、（⑥　　　　）もらえないわよ。

A：じゃあ、すしにしようか。
ほら、近所のスーパーですしの出前が始まっただろう？

B：あぁ、便利な（⑦　　　　）よね。
でも、あれは（⑧　　　　）が必要なのよ。

A：そうか…。忘れてたよ。

B：じゃあ、予約をしておくから、今度の（⑨　　　　）は、みんなですしを食べようか。

A：うん。友だちが（⑩　　　　）ら、やっぱりすしだよね。
とりあえず今日のお昼ごはんはそばでいいや。

B：なんだ、結局そばにするんじゃない。

15 歩(ある)きたばこ
보행 흡연

여러분은 담배를 피웁니까?
흡연 매너에는 어떤 것이 있습니까?
보행 흡연 금지에 대해서 읽어봅시다.

주요문형　～つづける / ～(さ)せられる / ～(さ)せる

みなさんはたばこを吸いますか。また、みなさんの周りに、たばこを吸う人がいますか。たばこは、吸いつづけると、肺がんなどの病気になるおそれがあります。たばこを吸うのは本人の自由です。しかし、周りの人に迷惑をかけることもあるので、注意しなければいけません。

歩きながらたばこを吸うことを、「歩きたばこ」といいます。歩きたばこをすると、たばこの火でほかの人がけがをするかもしれないので、危ないです。また、後ろを歩いている人に煙が流れることがあります。すると、その人は吸いたくなくても、煙を吸わせられてしまいます。

日本では、2002年から歩きたばこが禁止されました。区や市が、道でたばこを吸ってはいけない決まりをつくって、吸った人には罰金を払わせるようにしました。また、道には灰皿を置かないで、たばこを吸うことができる場所を別につくりました。

韓国でも、2010年から歩きたばこが禁止されました。また、学校の近くや公園、バス停でたばこを吸うと、10万ウォンの罰金を払わせられます。しかし、たばこを吸う人たちは、この決まりに反対しています。だれにでも、自由にたばこを吸う権利はあるからです。

しかし、たばこを吸わない人にも、吸わない権利があります。たばこを吸う時には、マナーを守って吸いましょう。

독해문제 다음 문장이 본문의 내용과 맞으면 ○, 다르면 ×표 하세요.

1 たばこを吸う時は、ほかの人に迷惑をかけないようにしなければいけません。
 （　　）

2 歩きたばこをすると、後ろを歩く人に迷惑をかけます。（　　）

3 2002年に、日本では、国が道でたばこを吸ってはいけない決まりをつくりました。（　　）

4 日本では、道に灰皿が置いてありません。（　　）

5 韓国では、バス停でたばこを吸っても、罰金を払わなくていいです。（　　）

단어 및 표현

- たばこ 담배
- 肺がん 폐암
- 本人 본인
- 注意する 주의하다
- 火 불
- 煙 연기
- 区 구
- 決まり 규칙
- 灰皿 재떨이
- バス停 버스정류장
- 吸う 피우다, 들이마시다
- 病気 병, 질병
- 自由 자유
- 歩く 걷다
- けがをする 다치다, 부상을 입다
- 流れる 흐르다
- 市 시
- 罰金 벌금
- 置く 놓다
- 反対する 반대하다
- 周り 주위
- ～おそれがある ～할 우려가 있다
- 迷惑をかける 폐를 끼치다
- ～ながら ～하면서
- 危ない 위험하다
- 禁止する 금지하다
- 道 길
- 払う 지불하다
- 別 다름
- 権利 권리

문형연습

1. ～つづける   계속해서 ~하다

「동사의 ます형」에 붙어 동작이나 사건이 계속되는 것을 나타낸다. 또는 같은 동작이나 사건이 몇 번이나 반복되거나, 차례차례 일어나는 상태가 계속되는 것을 나타낸다.

- 甘いものをたくさん食べつづけると、太ります。
- ずっとゲームをしつづけると、目がいたくなります。
- 雨の中、歩きつづけたので、風邪をひきました。

2. ～(さ)せられる   어쩔 수 없이 ~하다, 마지못해 ~하다

어떤 것을 하도록 다른 사람에게 명령이나 지시를 당하다. 주어는 그 동작을 하는 사람.

- 学生は先生に漢字を10回ずつ書かせられました。
- 子どもはお母さんに野菜を食べさせられました。
- 家に牛乳がなかったので、私は姉に買い物に行かせられました。

- 甘い 달다
- 風邪をひく 감기에 걸리다
- 太る 살찌다
- ずつ 씩
- 歩く 걷다
- 牛乳 우유

3 ～(さ)せる　　　　　　　　　　　　　　　　　～시키다, ～하게 하다

어떤 사람의 명령이나 지시에 의해 다른 사람이 무언가를 하는 것을 나타낼 때 사용한다. 주어는 명령(지시) 하는 사람.

- 先生は学生に漢字を10回ずつ書かせました。
- 健康のために、お母さんは子どもに野菜を食べさせます。
- 家に牛乳がなかったので、姉は私を買い物に行かせました。

- 健康 건강

일본의 흡연율 감소

2011년 후생노동성(厚生労働省) 조사에 의하면 습관적으로 흡연하고 있는 사람의 비율은 남성이 32.2%, 여성이 8.4%로, 1986년 조사 시작 이후 최저가 되었습니다. 연령대별로 보면 남성의 흡연율이 가장 높았던 것은 40대로 42.4%, 다음으로 30대가 42.1%였습니다. 20대는 34.2%로, 2005년의 같은 조사에 비하면 5년 간 약 15% 감소한 것을 알 수 있습니다. 또한 여성흡연자가 가장 높았던 것은 30대로 14.2%, 다음으로 40대가 13.6%였습니다. 젊은이의 흡연율이 감소하고 있는 배경에는 2010년의 담배의 증세가 영향을 주고 있다고 생각할 수 있습니다. 현재 일본에서 가장 많이 팔리는 담배는 1상자 410엔~450엔입니다.

연습문제

1 文型

1　＿＿＿の中の言葉を使って文を完成させなさい。

> つづける　　　せられ　　　せる

❶ 後ろの人は、吸いたくなくても、煙を吸わ（　　　　）てしまいます。
❷ たばこを吸い（　　　　）と、病気になります。
❸ 道でたばこを吸った人には、罰金を払わ（　　　　）ようにしました。
❹ 子どもが、たばこの火でけがをさ（　　　　）ました。

2　＿＿＿の中の言葉と（　）の言葉を使って、文を完成させなさい。

> ～つづける　　　～(さ)せられる　　　～(さ)せる

❶ 先週、子どもが風邪をひいたので、学校を（休む →　　　　　）ました。
❷ お酒がきらいなのに上司にお酒を（飲む →　　　　　）て、気持ちが悪くなりました。
❸ 昨日、友だちと３時間くらい電話で（話す →　　　　　）ました。
❹ 試験の点数が悪かったので、母に（勉強する →　　　　　）ました。

2 ことばの使い方

1 ☐ の中のことばを一つ選んで、適当な形にして ＿＿＿ に書きなさい。

　　　周り　　決まり　　権利　　迷惑　　別

① ここは危ないので、＿＿＿＿の場所で遊んでください。

② 学生は、学校の＿＿＿＿を守らなければいけません。

③ 電車の中で大きな声で話すと、＿＿＿＿です。

④ みなさんの＿＿＿＿に、日本語が話せる人がいますか。

2 次のことばを使って ＿＿＿ の短文を作りなさい。

① 담배를 피우는 것은 본인의 자유입니다. （吸う、本人、自由）

　→ たばこを ＿＿＿＿＿＿＿＿＿＿＿＿＿＿＿＿＿＿＿＿。

② 보행 흡연을 하면 담뱃불로 다른 사람이 다칠지도 모릅니다. （火、ほか、けが）

　→ 歩きたばこをすると、＿＿＿＿＿＿＿＿＿＿＿＿＿＿＿＿。

③ 길에서 담배를 피운 사람에게는 벌금을 물도록 했습니다. （吸う、罰金、払う）

　→ 道で ＿＿＿＿＿＿＿＿＿＿＿＿＿＿＿＿＿＿＿＿。

④ 담배를 피우는 사람들은 이 규칙에 반대하고 있습니다. （決まり、反対する）

　→ たばこを ＿＿＿＿＿＿＿＿＿＿＿＿＿＿＿＿＿＿＿＿。

15 歩きたばこ 보행 흡연

회화

다음은 본문과 관련된 회화입니다. 들으면서 빈칸을 채우세요.

A : ちょっと、部屋の中ではたばこ、やめてくれないかな。
こっちにも（①　　　　）が（②　　　　）来るんだけど。

B : あ、ごめんなさい。まどを開けてあるから大丈夫かと思った。

A : 君がたばこを（③　　　　）のは（④　　　　）だけど、僕にだって、たばこを吸わない権利があるんだよ。

B : わかっているわよ。ごめんなさい。

A : たばこを吸う人って、吸わない人の気持ちがわからないんだよね。

B : 私は、（⑤　　　　）の人に（⑥　　　　）をかけないようにしているつもりなんだけど…。

A : 最近、公園とか（⑦　　　　）では、たばこが（⑧　　　　）になったよね。

B : うん、（⑨　　　　）が（⑩　　　　）ある場所は、どんどん少なくなっているわ。

A : そうだね。僕にとってはいいことだけど、たばこを吸う人にとっては大変だね。

B : そうなの…そろそろ私も、たばこをやめようかな。

16 消費税 (しょうひぜい) 소비세

한국의 소비세는 몇 퍼센트입니까?
일본의 소비세는 몇 퍼센트인지 알고 있습니까?
일본의 소비세에 대해서 읽어봅시다.

주요문형 ～ことになる・～ことになっている / ～ようとする / ～は～より

본문

　日本では、1989年から消費税が始まりました。その時の税率は3パーセントでした。つまり、1,000円のものを買う時は、30円の消費税がかかるので、合計1,030円を払いました。

　1997年には、税率が5パーセントに上がりました。その後、すべての商品は消費税を入れた価格で表示することになりました。よって、今の日本では、1,000円の商品には「1,050円」という価格が表示されています。

　今、日本政府は、消費税をさらに上げようとしています。日本の消費税は外国より低いという人もいるでしょう。たとえば、イギリスの消費税は20パーセント、アイルランドは21パーセントです。しかし、これらの国では、食品には消費税がかかりません。一方、日本では、すべての物に消費税がかかるので、特に貧しい人々への負担が大きくなります。

　また、スウェーデンでは、税率が高いかわりに、教育や医療などの社会福祉が充実しています。学校は小学校から大学院まで無料です。しかし、日本では、子ども一人を大学まで行かせるためには公立の学校でも1千万円以上かかるといわれています。

　だから、消費税を上げるのに反対している人もたくさんいます。消費税を上げるためには、国がそれをどう使うかを、国民に説明しなければならないでしょう。

독해문제 다음 문장이 본문의 내용과 맞으면 ○, 다르면 ×표 하세요.

1 日本で消費税が始まったのは1997年です。（　　）

2 日本の消費税は３パーセントから５パーセントに上がりました。（　　）

3 今の日本では、消費税を入れた商品の価格を表示しています。（　　）

4 イギリスの消費税は日本の消費税より高いです。（　　）

5 日本の学校は小学校から大学院まで無料です。（　　）

단어 및 표현

- 消費税 소비세
- つまり 결국
- 上がる 오르다
- 価格 가격
- さらに 더욱더
- イギリス 영국
- 一方 한편
- 負担 부담
- 教育 교육
- 充実する 충실하다
- 国民 국민
- 始まる 시작되다
- かかる 부과되다, 매겨지다
- 商品 상품
- 表示する 표시하다
- 上げる 올리다
- アイルランド 아일랜드
- 特に 특히
- スウェーデン 스웨덴
- 医療 의료
- 無料 무료
- 説明する 설명하다
- 税率 세율
- 合計 합계
- 入れる 넣다, 포함시키다
- よって 그러므로, 따라서
- 外国 외국
- 食品 식품
- 貧しい 가난하다
- かわりに 대신에
- 社会福祉 사회복지
- 公立 공립

문형연습

① ～ことになる・～ことになっている　　～하게 되다, ～하게 되어 있다

동사의 사전형에 붙어, 앞으로의 행위에 대해서 어떠한 결정이 이루어지거나, 어떤 결과가 되거나 하는 것을 나타낸다. 자신의 의지와는 관계 없이 저절로, 혼자서 그러한 결론·결과가 됐다는 뉘앙스를 포함한다.

- 来年から中国で働くことになりました。
- 6時に大学の前で友だちに会うことになっています。
- この問題については、明日の会議で話し合うことになっています。

② ～ようとする　　～하려고 하다

의지적인 행위를 나타내는 동사에 붙어, 그 동작을 실현하려고 노력하거나 시도하는 것을 나타낸다.

- 彼女は30歳になる前に結婚しようとしています。
- かんづめを開けようとして、手をけがしてしまいました。
- チェさんをデートにさそおうとして、何度も電話をかけました。

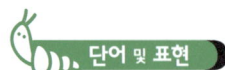

- 会議 회의
- けがする 다치다
- 話し合う 서로 이야기하다
- さそう 권유하다, 권하다
- かんづめ 통조림

3 ～は～より   ～은 ～보다

> 「AはBよりも～」「BよりもAのほうが～」의 형태로, B가 비교의 기준을 나타낸다.

- 日本は韓国より人口が多いです。
- バスはタクシーより料金が安いです。
- 今日は昨日より暖かいので、コートは要りません。

□ 人口 인구   □ 料金 요금   □ 要る 필요하다

 칼럼

소비세 (消費税)

소비세란 상품이나 제품의 판매, 서비스 제공 등의 거래에 대하여 과세되는 세금입니다. 소비세가 처음으로 도입된 것은 1954년의 프랑스입니다. 일본에서는 1989년에 3퍼센트로 시작되어, 1997년에 5퍼센트로 끌어올려졌습니다. 이것은 국가에 납부하는 소비세 4퍼센트와 도도부현(都道府県)에 납부하는 소비세 1퍼센트를 합친 것입니다. 2012년 노다(野田) 내각은 2014년에 8퍼센트, 2015년에 10퍼센트로 끌어올린다는 소비 증세 법안을 내각 회의에서 결정했습니다. 소비세를 올리는 것으로 일본의 재정 문제를 해결할 수 있는지 주목 받고 있습니다.

16 消費税 소비세   133

연습문제

1 文型

1 ____の中の言葉を使って文を完成させなさい。

> ことに　　ようと　　より

① 日本の消費税は外国（　　　　）低いという人もいるでしょう。
② すべての商品は消費税を入れた価格で表示する（　　　　）なりました。
③ 今、日本政府は、消費税をさらに上げ（　　　　）しています。
④ 日本の社会福祉はスウェーデン（　　　　）充実していません。

2 ____の中の言葉と（　）の言葉を使って、文を完成させなさい。

> ～ことになる　　～ようとする　　～は～より

① 仕事が終わらないと、明日も会社に（行く→　　　　）そうです。
② レコーダーを（使う→　　　　）としましたが、使いかたがわかりませんでした。
③ （東京・大阪→　　　　）せまいですが、人が多いです。
④ 家を（出る→　　　　）としている時に、電話がかかってきました。

❷ ことばの使い方

1 ◯◯◯ の中のことばを一つ選んで、適当な形にして _____ に書きなさい。

> かかる　　上げる　　さらに　　かわりに　　充実する

❶ ジョンさんは、前から日本語が上手でしたが、最近＿＿＿＿上手になりました。

❷ 留学生活は楽しいことが多くて、とても＿＿＿＿ています。

❸ 部長が行けなくなってしまったので、＿＿＿＿課長が行きます。

❹ ずっと下を見てばかりいないで、顔を＿＿＿＿てください。

2 次のことばを使って _____ の短文を作りなさい。

❶ 모든 상품은 소비세를 넣은 가격으로 표시하게 되었습니다. （消費税、入れる、価格、表示する）

→ すべての商品は＿＿＿＿＿＿＿＿＿＿＿＿＿＿＿＿＿＿＿＿。

❷ 일본 정부는 소비세를 더욱더 올리려고 하고 있습니다. （さらに、上げる）

→ 日本政府は、＿＿＿＿＿＿＿＿＿＿＿＿＿＿＿＿＿＿＿＿。

❸ 이들 나라에서는 식품에는 소비세는 부과되지 않습니다. （食品、かかる）

→ これらの国では、＿＿＿＿＿＿＿＿＿＿＿＿＿＿＿＿＿＿。

❹ 세율이 높은 대신에 교육이나 의료 등의 사회복지에 충실하고 있습니다.
（税率、かわりに、教育、医療）

→ ＿＿＿＿＿＿＿＿＿＿＿＿＿＿＿＿＿＿社会福祉が充実しています。

회화

다음은 본문과 관련된 회화입니다. 들으면서 빈칸을 채우세요.

A：1万円以下のくつがほしいんだけど…これは10,500円か。おしいなぁ。

B：（①　　　　　）がなければ、1万円なのにね。

A：そう。消費税って、何を買っても（②　　　　　）といけないから、学生の僕にとってはすごく（③　　　　　）だよ。

B：だけど、消費税があるのは日本だけじゃないわよ。日本は5パーセントだけど、（④　　　　　）なんて、20パーセントなんだから。

A：でも、消費税が高い（⑤　　　　　）学校や病院が（⑥　　　　　）の国もあるだろう？

B：あぁ、（⑦　　　　　）はそうよ。

A：そのぐらい社会福祉が（⑧　　　　　）国なら、消費税が高くてもいいと思う。

B：うーん。確かに日本では学校や病院に行くのにお金がすごく（⑨　　　　　）よね。

A：日本の消費税がこれからまた（⑩　　　　　）かもしれないってニュースで見たけど…。

B：そのお金が、きちんと国民のために使われるといいわね。

サルカニ合戦
원숭이 게 전투

여러분은 어릴 때 어떤 옛날이야기를 읽었습니까?
다른 사람에게 나쁜 짓을 하면 어떤 일이 일어날까요?
일본의 옛날이야기를 읽어봅시다.

 주요문형　～ことにする / やる / 동사의 명령형

본문

　昔、あるところに柿の種を持っているサルとおにぎりを持っているカニがいました。サルはおにぎりが食べたかったので「柿の種とおにぎりを交換しよう。おにぎりは食べるとなくなるけど、柿の種は、ずっと実がなるよ。」と言いました。カニは、おにぎりと柿の種を交換することにしました。

　カニは、柿の種をうめて水をやりました。「早く育て。育たないとはさみで切るぞ。」と言うと、柿の木が大きくなって、実がなりました。しかし、柿の木は高いので、カニは実がとれません。そこに、サルが来て、言いました。「カニ君、私にも柿を少しくれないか。」カニは「いいよ。でも、ぼくにもとってね。」と言いました。サルは、木に登っておいしい実をぜんぶ食べ、おいしくない実をカニに投げました。それが当たって、カニは死んでしまいました。

　カニの子どもたちは、とても悲しんで、サルをこらしめることにしました。ある日、カニの子どもたちは、友だちの栗、ハチ、ウシのフン、臼といっしょにサルの家に行って、家の中にかくれました。夜になって、サルが家に帰ってきました。寒かったので、サルが火の近くに行くと、栗がサルの目に飛びこみました。サルは「熱い！」と言って、急いで水の中に手を入れました。すると、ハチに手を刺されました。びっくりして玄関から出ようとしたら、ウシのフンにすべって転びました。そして、屋根から臼が落ちてきて、サルはけがをしました。

　この後、サルは自分がしたことを反省して、みんなと仲よく暮らしました。

독해문제 다음 문장이 본문의 내용과 맞으면 ○, 다르면 ×표 하세요.

1 サルは、カニのおにぎりをとってしまいました。（　　）

2 カニは柿の種をもらいましたが、実ができませんでした。（　　）

3 サルだけが、柿の実を食べました。（　　）

4 栗、ハチ、牛のフン、臼は、サルにけがをさせました。（　　）

5 サルは、カニに悪いことをしたことに気づきました。（　　）

단어 및 표현

- 昔 옛날
- サル 원숭이
- 交換する 교환하다
- うめる 묻다
- 切る 자르다
- 投げる 던지다
- こらしめる 벌주다, 혼내주다
- ウシ 소
- かくれる 숨다
- 急ぐ 서두르다
- 玄関 현관
- 屋根 지붕
- 仲よく 사이좋게
- 柿 감
- おにぎり 주먹밥
- ずっと 쭉, 계속
- 育つ 자라다
- とる 따다
- 当たる 맞다, 명중하다
- 栗 밤
- フン 분, 똥
- 飛びこむ 뛰어들다
- 刺す 찌르다
- すべる 미끄러지다
- 落ちる 떨어지다
- 暮らす 살다
- 種 씨, 씨앗
- カニ 게
- 実 열매
- はさみ 가위
- 登る 오르다
- 悲しむ 슬퍼하다
- ハチ 벌
- 臼 절구
- 熱い 뜨겁다
- びっくりする 깜짝 놀라다
- 転ぶ 넘어지다
- 反省する 반성하다

문형연습

❶ ～ことにする　　　　　　　　　　　　　　　　　～하기로 하다

말하는 사람이 결정한 것을 이야기할 때 사용한다.

- 来年、日本に留学することにしました。
- 土曜日に、友だちと海に行くことにしました。
- 今日から、お酒を飲まないことにしました。

❷ やる　　　　　　　　　　　　　　　　　　　　　주다

동물이나 식물에게 무엇을 줄 때 사용한다. 자신보다 어린 상대에게 무언가를 줄 때에도 사용할 수 있지만, 사람에게는「あげる」를 사용하는 경우가 많다.

- ネコにえさをやります。
- 毎日、花に水をやります。
- 妹にマンガの本をやりました。

- 留学する 유학하다
- えさ 모이, 사료

③ 동사의 명령형

상대에게 무언가를 하도록 명령하거나 강하게 요구할 때 사용한다.

- 道路に「止まれ」と書いてあります。
- 遅刻しないように、早く学校に行け。
- 弟のサッカーの試合を見に行って、「がんばれ」と応援しました。

- 道路 도로
- 遅刻する 지각하다
- 試合 시합
- 応援する 응원하다

 칼럼

원숭이 게 전투 (猿カニ合戦)

원숭이 게 전투의 후일담으로서 근대 일본을 대표하는 소설가인 아쿠타가와 류노스케(芥川龍之介)가 「원숭이 게 전투(猿蟹合戦)」라고 하는 단편소설을 썼습니다. 원작에 근대적 느낌을 살린 소설로써 게의 새끼들이 부모의 적인 원숭이에게 복수를 하지만 결국 체포되어 사형된다는 이야기입니다. 왜 게의 새끼들이 체포된 것일까요? 게가 감을 따 달라고 말할 때 '빨간 홍시'를 언급하지 않았기 때문에 원숭이는 가까이 있던 감을 던졌을 뿐이라는 것입니다. 이 행동에 악의가 있었다는 증거는 불충분하다고 하여 재판에서는 원숭이의 살인을 단순한 사고로 판단해 버립니다. 에도(江戸)시대까지는 미담으로 여겨지던 복수도 메이지(明治)시대 이후는 단순한 살인이 되어 버린다는 것을 풍자한 작품입니다.

연습문제

1 文型

1 ＿＿＿ の中の言葉を使って文を完成させなさい。

> ことに　　　やる　　　「育つ」の命令形

① カニは、おにぎりと柿の種を交換する（　　　　）しました。
② カニが、柿の種をうめて水を（　　　　）と、柿の木に実がなりました。
③ 「早く（　　　　）。育たないとはさみで切るぞ。」とカニが言いました。
④ カニの子どもたちは友だちといっしょにサルの家に行く（　　　　）しました。

2 ＿＿＿ の中の言葉と（　）の言葉を使って、文を完成させなさい。

> ～ことにする　　　やる　　　동사의 명령형

① 先輩に「駅に着いたら（電話する → 　　　　）」と言われました。
② 今日から（ダイエットする → 　　　　）ます。
③ 起きてすぐに、ハムスターにえさと水を（やる → 　　　　）ばなりません。
④ 課長はまだ来ませんが、時間がないので、会議を（始める → 　　　　）ました。

❷ ことばの使い方

1 ＿＿＿ の中のことばを一つ選んで、適当な形にして ＿＿＿ に書きなさい。

かくれる　　とる　　すべる　　落ちる　　暮らす

❶ パソコンがテーブルから＿＿＿＿て、こわれてしまいました。

❷ 私は、ソウルで家族といっしょに＿＿＿＿ています。

❸ 雪が降ったので、＿＿＿＿ないように、注意してください。

❹ 母にしかられて、弟は何時間も机の下に＿＿＿＿ていました。

2 次のことばを使って ＿＿＿ の短文を作りなさい。

❶ 주먹밥은 먹으면 없어지지만 감 씨앗은 계속 열매가 열립니다. （柿の種、ずっと、実、なる）

→ おにぎりは ＿＿＿＿＿＿＿＿＿＿＿＿＿＿＿＿＿＿＿。

❷ 감나무는 높기 때문에 게는 열매를 딸 수 없습니다. （カニ、実、とる）

→ 柿の木は ＿＿＿＿＿＿＿＿＿＿＿＿＿＿＿＿＿＿＿。

❸ 원숭이는 나무에 올라서 맛있는 열매를 전부 먹었습니다. （登る、実）

→ 猿は、＿＿＿＿＿＿＿＿＿＿＿＿＿＿＿＿＿＿＿。

❹ 깜짝 놀라서 현관으로 나가려고 하자 미끄러져서 넘어졌습니다. （びっくりする、玄関）

→ ＿＿＿＿＿＿＿＿＿＿＿＿＿＿＿＿＿、すべって転びました。

회화

다음은 본문과 관련된 회화입니다. 들으면서 빈칸을 채우세요.

A：ねえ、サルカニ合戦の話、知ってる？
日本の昔話なんだけど。

B：サルカニ合戦？ 知らないな。どんな話？

A：サルが、カニの持っている（①　　　　）がほしくて、
（②　　　　）と（③　　　　）もらうの。

B：へぇ。それで？

A：でも、カニが柿を（④　　　　）て、実が（⑤　　　　）ら、
サルがおいしい実をぜんぶ食べてしまうの。

B：えー、悪いサルだね。

A：そう。さらに、サルがカニに柿を（⑥　　　　）、カニが
（⑦　　　　）しまうのよ。

B：カニはかわいそうだね。それで終わり？

A：いいえ。それだけでは、カニがかわいそうでしょ？
その後、カニの子どもたちが友だちといっしょにサルを
（⑧　　　　）に行くの。サルは（⑨　　　　）をしてしまうん
だけどね、最後には、自分が悪かったことを（⑩　　　　）のよ。

B：へえ、じゃあ、最後はいいサルになるんだね。

18 ハッピーマンデー
해피먼데이

해피먼데이라는 말을 들어본 적이 있습니까?
해피먼데이의 좋은 점은 무엇일까요?
일본의 해피먼데이에 대해서 읽어봅시다.

주요문형   〜としたら / 〜のに / 〜でしょう・〜だろう

본문

韓国にはどんな祝日がありますか。正月、子どもの日、クリスマスなど、1年に10日くらい祝日があります。日本にも、1年に15日の祝日があります。祝日は休みなのでうれしいですが、それが連休だとしたら、もっとうれしいと思いませんか。

日本では、2001年から「ハッピーマンデー」という制度を始めました。ハッピーマンデーは、祝日を月曜日にして、連休を増やす制度です。たとえば、以前、成人の日は1月15日でしたが、ハッピーマンデー制度で1月の第2月曜日に変わりました。このため、毎年、成人の日は、前の土曜日、日曜日と続けて3日間の連休になります。成人の日のほかにも、海の日や敬老の日、体育の日が、ハッピーマンデー制度で月曜日になりました。連休が増えたので、ゆっくり休むことができますし、家族で旅行することもできるようになりました。

韓国では、もし祝日が日曜日と重なっても、休みが増えません。「せっかくの祝日なのに、今年はカレンダーが悪いな」と残念に思うでしょう。しかし、日本には「振り替え休日」という制度もあります。もし、祝日が日曜日と重なったら、次の月曜日も休みになるという制度です。

このように、日本では、祝日を大事にしています。韓国でもハッピーマンデーや振り替え休日の制度をつくったほうがいいと思いますか。

독해문제 다음 문장이 본문의 내용과 맞으면 ○, 다르면 ×표 하세요.

1 韓国より日本のほうが、祝日が多いです。（　　）

2 ハッピーマンデーは祝日を増やす制度です。（　　）

3 ハッピーマンデー制度で、成人の日は１月15日になりました。（　　）

4 ハッピーマンデー制度で、毎年、敬老の日は連休になります。（　　）

5 日本では、祝日が日曜日と重なっても、休みが増えません。（　　）

단어 및 표현

- 祝日 경축일, 축일
- クリスマス 크리스마스
- 制度 제도
- たとえば 예를 들면
- ほか 그 밖
- 体育の日 체육의 날
- 重なる 거듭되다
- 残念 유감
- 大事に 소중히
- 正月 설날
- 連休 연휴
- 始める 시작하다
- 以前 이전
- 海の日 바다의 날
- 増える 늘다
- せっかく 일부러
- 振り替え休日 일요일과 공휴일이 겹칠 경우 다음날이 휴일이 되는 것
- 子どもの日 어린이날
- ハッピーマンデー 해피먼데이
- 増やす 늘리다
- 成人の日 성인의 날
- 敬老の日 경로의 날
- ゆっくり 느긋하게
- カレンダー 달력

문형연습

1 ～としたら   ～라고 (가정)하면

'만약 ～의 상황을 가정하면'이라고 말할 때 사용한다.

- 明日、家に来るとしたら電話してください。
- 予約が必要だとしたら、早めに教えてください。
- パクさんが知らないとしたら、だれに聞けばいいでしょうか。

2 ～のに   ～인데도

당연히 예측 되는 상태, 결과와는 어긋나는 것을 나타낼 때 사용한다.

- 約束したのに、彼女は来ませんでした。
- 彼はまだ若いのに、結婚しています。
- この店は、高いのにあまりおいしくありません。

단어 및 표현

☐ 予約 예약
☐ 若い 젊다

3 ～でしょう・～だろう　　　　　　　　～일 것이다

말하는 사람이 추량을 말할 때 사용한다. 「～でしょう」는 「～だろう」보다 공손한 말.

- 明日は雨が降る**でしょう**。
- こんなに高い服は、だれも買わない**でしょう**。
- 妹の病気は、きっと治る**だろう**。

단어 및 표현

- 降る 내리다
- きっと 꼭
- 服 옷
- 治る 낫다
- 病気 병, 질병

칼럼 — 일본의 경축일

명칭	기일	의의
元日 설날	1월 1일	한 해의 시작을 축하하는 날.
成人の日 성인의 날	1월 둘째 주 월요일	어른이 된 것을 축하하는 날.
建国記念の日 건국기념일	2월 11일	건국을 축하하는 날.
春分の日 춘분의 날	3월 20일~21일 경	자연을 기리고 생물을 소중히 여기는 날.
昭和の日 쇼와의 날	4월 29일	격동을 거치고 부흥을 이룬 쇼와시대를 돌아보는 날.(쇼와 일왕의 생일에서 유래)
憲法記念日 헌법기념일	5월 3일	일본국 헌법 시행을 기념하는 날.
みどりの日 녹색의 날	5월 4일	자연에 친화적이며 그 은혜에 감사하고 풍요로운 마음을 신장하는 날.
こどもの日 어린이날	5월 5일	어린이의 인격을 존중하고 어린이의 행복을 비는 날.
海の日 바다의 날	7월 셋째 주 월요일	바다의 혜택에 감사하는 날.
敬老の日 경로의 날	9월 셋째 주 월요일	노인을 공경하고 장수를 기원하는 날.
秋分の日 추분의 날	9월 22일~24일	조상을 숭모하고, 추모하는 날.
体育の日 체육의 날	10월 둘째 주 월요일	스포츠를 즐겨 건강한 심신을 기르는 날.(1964년 도쿄올림픽 개회일을 기념하여 정함)
文化の日 문화의 날	11월 3일	자유와 평화를 사랑하며 문화를 북돋우는 날.
勤労感謝の日 근로 감사의 날	11월 23일	근로를 존중하고, 생산을 축하하며, 국민이 서로 감사하는 날.
天皇誕生日 일왕탄생일	12월 23일	일왕의 생일을 축하하는 날.

연습문제

1 文型

1 ＿＿＿の中の言葉を使って文を完成させなさい。

> としたら　　のに　　でしょう

❶ 「今年はカレンダーが悪いな」と残念に思う（　　　　　）。

❷ せっかくの祝日な（　　　　　）、休みが増えません。

❸ 祝日はうれしいですが、それが連休だ（　　　　　）、もっとうれしいです。

❹ 祝日が日曜日と重なったら、休みが増えなくて残念（　　　　　）。

2 ＿＿＿の中の言葉と（　）の言葉を使って、文を完成させなさい。

> ～としたら　　～のに　　～でしょう

❶ もし１千万円（ある →　　　　　　）、何をしますか。

❷ たくさん練習したので、私たちのチームは、明日の試合に（勝つ →　　　　　　）。

❸ 母は、熱が（ある →　　　　　　）会社に行きました。

❹ 彼女がまだ（怒っている →　　　　　　）、電話にも出ないかもしれない。

2 ことばの使い方

1 ＿＿＿の中のことばを一つ選んで、適当な形にして ＿＿＿ に書きなさい。

> せっかく　　増やす　　残念　　大事　　増える

❶ 土曜日は、忙(いそが)しくてパーティーに行けなかったので、＿＿＿＿でした。

❷ 姉(あね)は、このかばんをとても＿＿＿＿にしています。

❸ ＿＿＿＿山に行きましたが、天気(てんき)が悪(わる)かったです。

❹ 友だちを＿＿＿＿ために、サークルに入(はい)りました。

2 次のことばを使って ＿＿＿ の短文を作りなさい。

❶ 한국에는 1년에 10일 정도 경축일이 있습니다. （祝日(しゅくじつ)、１年、10日）

→ 韓国には、＿＿＿＿＿＿＿＿＿＿＿＿＿＿＿＿＿＿＿＿。

❷ 매년 성인의 날은 3일간의 연휴가 됩니다. （成人(せいじん)の日、連休(れんきゅう)）

→ 毎年、＿＿＿＿＿＿＿＿＿＿＿＿＿＿＿＿＿＿＿＿。

❸ 연휴가 늘었기 때문에 느긋하게 쉴 수 있습니다. （増(ふ)える、ゆっくり）

→ 連休が ＿＿＿＿＿＿＿＿＿＿＿＿＿＿＿＿＿＿＿＿。

❹ 한국에서는 만일 경축일이 일요일과 겹쳐도 휴일이 늘어나지 않습니다.
（重(かさ)なる、増える）

→ 韓国では、＿＿＿＿＿＿＿＿＿＿＿＿＿＿＿＿＿＿＿＿。

회화

다음은 본문과 관련된 회화입니다. 들으면서 빈칸을 채우세요.

A：来週の月曜日は（①　　　　）で、休みだね。
　　どこかに行かない？

B：え？来週、（②　　　　）があるの？

A：うん、月曜日が休みだから（③　　　　）だよ。

B：やったー、（④　　　　）。じゃあ、旅行に行くのはどう？

A：そうだね。（⑤　　　　）の休みだから、家にいるのはつまんないし。

B：どこに行こうか。（⑥　　　　）休めるところがいいなぁ。

A：じゃ、温泉はどう？（⑦　　　　）箱根とか、伊豆とか。

B：うん、温泉行きたい！
　　（⑧　　　　）っていい（⑨　　　　）ね。

A：ははは、そうだね。
　　仕事をがんばるためにも、休みは（⑩　　　　）だからね。

B：じゃあ、今週末の旅行のために、仕事がんばろう！

 少年犯罪
しょうねんはんざい

소년 범죄

아이들이 일으킨 범죄를 뉴스에서 본 적이 있습니까?
아이들이 일으킨 사건은 누구의 책임이라고 생각합니까?
소년 범죄에 대해서 읽어봅시다.

주요문형　～ないわけにはいかない / ～というより / ～はずだ

最近、日本では子どもの犯罪が増えています。中学生や高校生が、店で商品をぬすんだり、人をなぐったり、殺してしまったりするのです。子どもが起こした事件は、だれの責任だと思いますか。

　いくら子どもでも、犯罪をおかしたら罰を与えないわけにはいきません。しかし、大人と同じ罰は与えられません。子どもには、「少年法」という別の法律があります。子どもは、まだ小さいので、してもいいことと悪いことがわからない時があります。また、計画や準備をして犯罪をおかすというより、気持ちがおさえられなくなって、急にしてしまうことのほうが多いです。そのため、もう一度教育をして、正しく生きるチャンスをあげるのです。

　そのため、子どもが犯罪をおかしても、名前・住所・顔写真などはニュースに出ません。また、どんなにひどい事件を起こしても、18歳未満の子どもは法律で守られているので、死刑になりません。

　しかし、最近は、犯罪をおかす子どもの年がどんどん低くなっています。小学生の子どもが、親や友だちを殺してしまう事件もありました。子どもでも、人を殺したらいけないということはわかるはずです。このような犯罪を減らすためには、少年法をきびしくすることも必要でしょう。また、何歳までの子どもを「少年」とするかということも、考えなくてはなりません。

독해문제 다음 문장이 본문의 내용과 맞으면 ○, 다르면 ×표 하세요.

1 日本では、少年犯罪が多くなっています。（　　）

2 最近は、子どもが犯罪をおかしたら、大人と同じ罰を与えます。（　　）

3 「少年法」は、犯罪をおかした子どもに、もう一度チャンスをあげるための法律です。（　　）

4 18歳未満の子どもは、人を殺しても死刑になりません。（　　）

5 子どもはまだ小さいので、人を殺すのが悪いことだとわかりません。（　　）

단어 및 표현

- 最近 최근
- 商品 상품
- 殺す 죽이다
- 責任 책임
- 罰 벌
- 法律 법률
- 気持ち 기분
- 教育 교육
- チャンス 찬스, 기회
- 未満 미만
- 低い 낮다
- 必要だ 필요하다

- 犯罪 범죄
- ぬすむ 훔치다
- 起こす 일으키다
- いくら～でも 아무리 ～라도
- 与える 주다, 부여하다
- 計画 계획
- おさえる 누르다, 억제하다
- 正しい 바르다
- 顔写真 얼굴 사진
- 死刑 사형
- 減らす 줄이다

- 増える 늘다
- なぐる 때리다
- 事件 사건
- おかす 범하다, 저지르다
- 別 다름
- 準備 준비
- 急に 갑자기
- 生きる 살다
- ひどい 심하다
- どんどん 점점
- きびしい 심하다

문형연습

① ～ないわけにはいかない　　　　　　　　　～하지 않을 수 없다

무언가 사정이나 이유가 있어서, '～하지 않으면 안 된다'는 의미를 나타낸다.

- 先生が行くのなら、私も行か**ないわけにはいきません**。
- あなたに頼（たの）まれたら、し**ないわけにはいかない**でしょう。
- あのドラマには私が好きな俳優（はいゆう）が出ているので、見**ないわけにはいきません**。

② ～というより　　　　　　　　　　　　　　　～라기 보다

어떤 것에 대해 이야기 할 때 '～라기 보다 ～라는 쪽이 맞다, ～라는 쪽이 보다 적절하다' 라고 말하고 싶을 때 사용한다.

- この子は、元気がある**というより**、うるさいです。
- ここは、公園**というより**、ゴミ捨（す）て場（ば）のようになっています。
- 私は料理（りょうり）が好きなので、レストランで働（はたら）くのは、仕事（しごと）**というより**趣味（しゅみ）だ。

 단어 및 표현

- □ 頼（たの）む 부탁하다
- □ 俳優（はいゆう） 배우
- □ ゴミ捨（す）て場（ば） 쓰레기장
- □ 働（はたら）く 일하다

③ 〜はずだ　　　　　　　　　　　　　〜일 터이다, 〜일 것이다

객관적인 이유에서 당연히 그렇다는 말하는 사람의 추측을 말할 때 사용한다.

- このマンションは駅から近いので、値段が高い**はず**です。
- みほちゃんは５歳からピアノを習っているので、上手な**はず**です。
- 兄はいっしょうけんめい勉強したから、試験に合格する**はず**です。

- □ 値段 가격
- □ 試験 시험
- □ 習う 배우다
- □ 合格する 합격하다
- □ いっしょうけんめい 열심임

소년이란 몇 살인가

일본에서는 14세가 되지 않은 아이가 범죄를 저질러도 「범죄」로 간주하지 않고, 그 아이가 소년원이나 형무소에 들어갈 일은 없습니다. 일본에서 「소년법」이 적용되는 대상은 만 14세부터 19세까지의 소년·소녀입니다. 그러나 이 연령을 낮추어야 한다고 하는 의견도 많이 있습니다. 각국의 예를 보면 미국에서는 대부분의 주에서 7세부터 17세까지, 영국에서는 10세부터 17세까지의 사람에게 소년법이 적용됩니다. 이란에서는 종교상 결혼할 수 있는 연령(남자는 15세, 여자는 9세)가 되면 성년이라고 보고, 그 이하의 사람에게 소년법이 적용됩니다. 이와 같이 나라에 따라서 「소년」의 정의는 다양합니다. 시대에 따라서 사회나 생활 환경도 변화해 가는 가운데 몇 살을 「어른」이라고 할지는 어려운 문제입니다.

연습문제

1 文型

1 ＿＿＿の中の言葉を使って文を完成させなさい。

> というより　　　はずだ　　　ないわけには

❶ 子どもでも、人を殺したらいけないということはわかる（　　　　　）。

❷ いくら子どもでも、罰を与え（　　　　　）いきません。

❸ 準備をして犯罪をおかす（　　　　　）、急にすることのほうが多いです。

❹ 子どもの犯罪でも、罰をきびしくし（　　　　　）いきません。

2 ＿＿＿の中の言葉と（　）の言葉を使って、文を完成させなさい。

> 〜というより　　　〜はずだ　　　〜ないわけにはいかない

❶ 授業を休んだ理由を聞かれたら、（話す→　　　　　）だろう。

❷ 多くの人にとって、イヌは（ペット→　　　　　）、家族です。

❸ みんなに会いたいと言っていたから、松田さんもパーティーに
（来る→　　　　　）ですよ。

❹ 兄には話していないので、このことは（知らない→　　　　　）と
思います。

2 ことばの使い方

1 ＿＿＿＿の中のことばを一つ選んで、適当な形にして＿＿＿＿に書きなさい。

> ぬすむ　　なぐる　　おさえる　　起きる　　減らす

① 昨日、近くの銀行で事件があって、3千万円が＿＿＿＿ました。

② 昨日、子どもが親を殺すという事件が＿＿＿＿ました。

③ しかられて泣きたくなりましたが、気持ちを＿＿＿＿ました。

④ 弟は友だちとけんかして、顔を＿＿＿＿れたそうです。

2 次のことばを使って＿＿＿＿の短文を作りなさい。

① 아이가 일으킨 사건은 누구의 책임이라고 생각합니까? (起こす、事件、責任)

　→ 子どもが ＿＿＿＿＿＿＿＿＿＿＿＿＿＿＿＿＿＿＿＿。

② 아이에게는 어른과 같은 벌은 줄 수 없습니다. (同じ、罰、与える)

　→ 子どもには、＿＿＿＿＿＿＿＿＿＿＿＿＿＿＿＿＿＿＿＿。

③ 아이에게는 다시 한 번 교육을 해서 바르게 살 찬스를 줍니다.
　(もう一度、教育、正しく、生きる、チャンス)

　→ 子どもには、＿＿＿＿＿＿＿＿＿＿＿＿＿＿＿＿＿＿＿＿。

④ 최근에는 범죄를 저지르는 아이의 나이가 점점 낮아지고 있습니다.
　(犯罪、おかす、どんどん、低い)

　→ 最近は、＿＿＿＿＿＿＿＿＿＿＿＿＿＿＿＿＿＿＿＿。

회화

다음은 본문과 관련된 회화입니다. 들으면서 빈칸을 채우세요.

A：さっき、テレビのニュースで少年犯罪についてやっていたけど、最近（① 　　　　）んだって。

B：ああ、僕もこの間、新聞で読んだよ。
店のものを（② 　　　　）だけじゃなくて、歩いている人を（③ 　　　　）、お金をとる子どもたちもいるそうだよ。

A：子どもなのに、怖いわね。

B：新聞でも、（④ 　　　　）を起こす年が、どんどん低くなっているって言っていたよ。

A：ニュースでは、少年法を変えたほうがいいって言っていたけど、どう思う？

B：今までは、子どもが（⑤ 　　　　）で（⑥ 　　　　）いたけど、これからは、もっと（⑦ 　　　　）したほうがいいかもしれないね。

A：そうね。犯罪を（⑧ 　　　　）ためには、私もそうしたほうがいいと思うわ。

B：いいことと悪いことを、小さい時から（⑨ 　　　　）すれば、子どもでもわかるよ。

A：ええ、子どもが悪いことをするのは、子どもたちだけの（⑩ 　　　　）じゃないわね。

B：親や学校も、もっと考えなくちゃね。

20 イチロー 이치로

여러분이 좋아하는 스포츠 선수는 누구입니까?
일본에서 유명한 스포츠 선수라면 누구를 떠올립니까?
야구 선수 이치로에 대해서 읽어봅시다.

주요문형 ～ようになる / ～として / ～かける

본문

鈴木一朗という日本人を知っていますか。彼は世界で活躍する野球選手です。そうです、鈴木一朗は「イチロー」の本名です。

イチローは3歳から野球の練習を始め、1991年、日本のプロ野球チームに入りました。1992年にある大会でMVPになった時、彼はもらった賞金をすべて養護施設に寄付しました。

1994年に1軍のレギュラーになると、次々と新しい記録を作るようになりました。イチローは日本プロ野球史上で初めて1シーズンの間に210本のヒットを打ちましたが、これは今でもリーグ記録として残っています。また、その年、イチローは21歳でシーズンMVPになりました。これは、バッターとしては史上最年少の記録です。

1995年に阪神淡路大震災が起こり、イチローのチームがある神戸市が大きな被害を受けました。その時もイチローは神戸のシンボルとして活躍し、チームはついに優勝しました。イチローたちのがんばる姿は、震災で希望を失いかけていた人々に、勇気と感動を与えました。

イチローは約10年間日本のプロ野球で活躍した後、2001年にアメリカのメジャーリーグの選手になりました。2011年のある調査で日本の小中学生に「名前を知っている世界の偉人」を聞いたところ、イチローが1位でした。彼は日本の人々にとって偉人の一人なのです。

독해문제 다음 문장이 본문의 내용과 맞으면 ○, 다르면 ×표 하세요.

1 イチローは1992年の大会でもらった賞金をすべて寄付しました。（　　）

2 １シーズンの間に210本のヒットを打ったのは、イチローが初めてです。（　　）

3 シーズンMVPになったすべての野球選手の中で、イチローが１番年下です。
（　　）

4 阪神淡路大震災があった次の年、イチローのチームは優勝しました。（　　）

5 イチローは2001年にアメリカのメジャーリーグの選手になりました。（　　）

단어 및 표현

- 活躍する 활약하다
- プロ 프로
- 賞金 상금
- 寄付する 기부하다
- 次々 잇달아, 계속하여
- 初めて 처음으로
- 打つ 치다
- バッター 타자
- 被害 피해
- ついに 마침내
- 感動 감동
- メジャーリーグ 메이저리그
- 野球選手 야구 선수
- チーム 팀
- すべて 모두
- １軍 1군
- 記録 기록
- シーズン 시즌
- リーグ 리그
- 最年少 최연소
- 受ける 입다, 받다
- 姿 모습
- 与える 주다
- 調査 조사
- 本名 본명
- 大会 대회
- 養護施設 양호 시설
- レギュラー 정규 멤버
- 史上 사상
- ヒット 안타
- 残る 남다
- 阪神淡路大震災 한신 아와지 대진재
- シンボル 심볼, 상징
- 勇気 용기
- アメリカ 미국
- 偉人 위인

문형연습

1 ～ようになる　　　　　　　　　　　　　　　～하게 되다

동사의 사전형에 붙어, 불가능한 상황에서 가능한 상황으로, 또는 실행할 수 없는 상태에서 할 수 있는 상태로 변화하는 것을 나타낸다.

- 手術を受けたら、足が動くようになりました。
- 彼に話しかたを注意したら、敬語を使うようになりました。
- たくさん勉強したので、日本語が話せるようになりました。

2 ～として　　　　　　　　　　　　　　　　～로서

명사에 붙어 시각·입장·부류·명목 등을 나타낸다.

- ミョンドンは観光地として人気があります。
- 私は教師として、学生のことを大切に思っています。
- マナーが悪い日本を見ると、同じ日本人としてはずかしいです。

 단어 및 표현

- 手術 수술
- 観光地 관광지
- 同じ 같음
- 注意する 주의하다
- 大切 중요함, 소중함
- 敬語 경어
- マナー 매너

3 ～かける　　　　　　　　　　　　　　　　　　～하기 시작하다

「동사의 ます형」에 붙어 어떤 동작이나 사건이 도중이다, 끝나지 않았다는 의미를 나타낸다. 동작을 시작했지만, 완료하지 않은 「아직 ～하고 있는 도중이다」라는 의미를 나타낸다.

- 本を読み**かけた**時に、友だちから電話がかかってきました。
- 赤ちゃんが眠り**かけました**が、車の音がして起きてしまいました。
- あきらめ**かけた**時に、父の言葉を思い出して、もう一度がんばろうと思いました。

 칼럼

힘내자, 고베 (がんばろう KOBE)

1995년 1월 17일, 일본 간사이(関西) 지방에서 진도 7의 강한 지진이 일어났습니다. 이른바 한신·아와지 대진재(阪神·淡路大震災)입니다. 이치로 선수도 피해를 입었고, 당시 이치로 선수가 소속되어 있던 오릭스·블루웨이브의 본거지인 고베(神戸)도 막대한 피해를 입었습니다. 그러나 팀은 슬픔을 극복하기 위해서, 유니폼 오른쪽 소매에 '힘내자, 고베'(がんばろう KOBE)라는 바펜을 붙이고 우승을 목표로 했습니다. 시즌이 개막하자 피해 지역인 고베에서 개막전에 임했습니다. 피해자인 시민과 함께 극복하자는 팀의 마음과 그런 팀을 응원해 주는 시민의 마음이 하나가 되었습니다. 개막전에서 승리하자 이치로 선수를 중심으로 팀은 그 후도 좋은 성적을 이어가서, 결국 리그 우승을 이뤘습니다. 그것은 '힘내자, 고베'란 구호에 팀과 팬이 하나가 돼서 움켜 쥔 결과였던 것입니다.

연습문제

1 文型

1 ＿＿＿の中の言葉を使って文を完成させなさい。

> ように　　　として　　　かけ

❶ イチローはバッター（　　　　　　　）史上最年少のシーズンMVPになりました。

❷ １軍のレギュラーになってから、次々と新しい記録を作る（　　　　　）なりました。

❸ イチローたちは、震災で希望を失い（　　　　　）ていた人々に、勇気と感動を与えました。

❹ 阪神大震災が起こった年も、イチローは神戸のシンボル（　　　　　）活躍しました。

2 ＿＿＿の中の言葉と（　　）の言葉を使って、文を完成させなさい。

> ～ようになる　　　～として　　　～かける

❶ 前はきゅうりが嫌いでしたが、今は（食べられる →　　　　　　　）ました。

❷ 大学に通う（学生 →　　　　　　　）一番大切なことは、勉強することです。

❸ メールを（書く →　　　　　　　）て、送るのを忘れてしまいました。

❹ 最近、韓国ドラマをよく（見る →　　　　　　　）ました。

2 ことばの使い方

1　◯◯の中のことばを一つ選んで、適当な形にして _____ に書きなさい。

　　　プロ　　　次々　　　初めて　　　シーズン　　　シンボル

❶ 私が風邪をひいてから、妹、父、母と、家族が_____風邪をひいてしまいました。

❷ 彼はアマチュアではなく、_____のゴルフ選手です。

❸ 白いハトは、平和の_____です。

❹ プサンには行ったことがありますが、ソウルに行くのは今回が_____です。

2　次のことばを使って _____ の短文を作りなさい。

❶ 그는 받은 상금을 모두 기부했습니다. （もらう、賞金、寄付する）

　→ 彼は _____。

❷ 이치로가 친 210개의 안타는 지금도 리그 기록으로서 남아있습니다.
　（打つ、ヒット、リーグ、記録、残る）

　→ イチローが _____。

❸ 한신아와지대진재가 일어나 팀이 있는 고베시가 큰 피해를 입었습니다.
　（神戸市、被害、受ける）

　→ 阪神淡路大震災が起こり、_____。

❹ 그는 일본 사람들에 있어 위인의 한 사람인 것입니다. （偉人）

　→ 彼は _____なのです。

회화

다음은 본문과 관련된 회화입니다. 들으면서 빈칸을 채우세요.

A：イチローが（①　　　　）で、またホームランを打ったんだって。

B：へぇ。日本人が（②　　　　）でがんばっているのって、なんだかうれしいね。

A：でも、アメリカにいる日本人の野球選手はイチローだけじゃないのに、どうして彼はこんなに人気なんだろう。

B：10年連続で200本のヒットを（③　　　　）り、長い間（④　　　　）いるからじゃない？

A：そういえば、日本のチームにいたころ、（⑤　　　　）として（⑥　　　　）でシーズンMVPになったのもイチローだったね。

B：いろんな（⑦　　　　）を持っているわよね。

A：それに、やっぱりイチローが優しいからかな。

B：2011年にも、地震の（⑧　　　　）を受けた人たちに1億円も（⑨　　　　）って聞いたわ。

A：お金だけじゃなく、勇気や（⑩　　　　）をくれる選手だよね。

B：うん。これからも私はずっとイチローを応援するわ。

부록

- 독해문제 정답
- 연습문제 정답
- 회화 괄호 넣기 정답

1 お酒

독해문제

1 ○
2 ×
3 ×
4 ×
5 ○

연습문제

❶ 문형

1　① ず
　　② なければ
　　③ ず
　　④ いくら

2　① 勉強しなければなり
　　② いくら働いても
　　③ 使わずに
　　④ いくら言っても

❷ 단어의 쓰임새

1　① ついで
　　② 悪く
　　③ 弱い
　　④ 守ら

2　① 顔が赤くなったり、気持ちが悪くなったりします
　　② 州によって、外でお酒を飲んではいけない
　　③ コップにまだお酒が入っている時に
　　④ ビールで有名なドイツには

회화

① どのぐらい
② ビール
③ 気持ち
④ によって
⑤ ウォッカ
⑥ ロシア
⑦ ルール
⑧ 仕方
⑨ つぐ
⑩ ハワイ

2 大阪

독해문제

1 ×
2 ○
3 ○
4 ×
5 ○

연습문제

❶ 문형

1　① ばかり
　　② ことができ
　　③ ほど
　　④ ことができ

2　① 兄ほど高くない
　　② ゲームばかり
　　③ 書くことができ
　　④ プサンほど暑くない

❷ 단어의 쓰임새

1　① 小麦粉
　　② サンプル
　　③ もともと
　　④ キャラクター

2　① 約2時間半で大阪に着きます
　　② サンプルは食べることができません
　　③ 以前はアメリカのキャラクターばかりでしたが
　　④ 「お笑い」の本場だといわれるようになりました

회화

① 飛行機(ひこうき)
② 約(やく)
③ ほど
④ 遊園地(ゆうえんち)
⑤ 小麦粉(こむぎこ)
⑥ 原料(げんりょう)
⑦ サンプル
⑧ お笑(わら)い
⑨ もともと
⑩ 舞台(ぶたい)

3 花見

독해문제

1 ○
2 ○
3 ○
4 ×
5 ○

연습문제

❶ 문형

1　① ことがある
　　② すぎる
　　③ ことがある
　　④ だけ

2　① 見たことがあり
　　② きたなすぎる
　　③ 3ページだけ
　　④ 寝(ね)すぎ

❷ 단어의 쓰임새

1　① 残(のこ)っ
　　② 楽(たの)しみ
　　③ 待(ま)ち
　　④ 予想(よそう)し

2　① 計画は早く立てないといけません

② 桜(さくら)の下でお弁当を食べたりお酒を飲んだりします
③ 3月に卒業式(そつぎょうしき)があって、4月に入学式や入社式があります
④ 捨(す)てて帰る人がいて、毎年問題になります

회화

① 春(はる)
② 咲(さ)く
③ 発表(はっぴょう)された
④ 計画(けいかく)
⑤ 散(ち)る
⑥ 入学式(にゅうがくしき)
⑦ お弁当(べんとう)
⑧ ライトアップされて
⑨ 夜桜(よざくら)
⑩ 楽(たの)しもう

4 バス

독해문제

1 ×
2 ×
3 ○
4 ×
5 ○

연습문제

❶ 문형

1　① ても
　　② か
　　③ てみる
　　④ でも

2　① いつか
　　② 聞いてみ
　　③ 遅(おそ)くても
　　④ 飲んでも

❷ 단어의 쓰임새

1　① ずつ
　　② 遅れ
　　③ 重要な
　　④ 通って

2　① どこまで乗っても料金が同じです
　　② バスの料金はどんどん高くなります
　　③ 次のバスが何時に来るかわかります
　　④ バスが止まるまで立ってはいけません

회화
　① ちがい
　② 整理券
　③ 番号
　④ 決まる
　⑤ 地方
　⑥ 乗りかた
　⑦ 時々
　⑧ ラッシュアワー
　⑨ 走れる
　⑩ 地下鉄

5　ダイエット

독해문제

1　○
2　×
3　○
4　×
5　○

연습문제

❶ 문형

1　① かもしれない
　　② にくい
　　③ かもしれない
　　④ てはいけない

2　① 読みにくい
　　② 行けないかもしれ
　　③ 忘れてはいけない
　　④ 見てはいけない

❷ 단어의 쓰임새

1　① うれしかった
　　② 正しい
　　③ 直し
　　④ ふつうに

2　① きれいになりたいと考える人は多いでしょう
　　② 通ったり、ヨガや水泳、ボクシングをしたりする人もいます
　　③ 体の中をきれいにするので、ダイエットにいい食べ物だそうです
　　④ 朝起きた時や、夜寝る前など、短い時間でできます

회화
　① 太った
　② フィットネスクラブ
　③ 通える
　④ ヨガ
　⑤ 直せる
　⑥ ふつうに
　⑦ やせる
　⑧ 健康的
　⑨ 無理
　⑩ 続け

6　すし

독해문제

1　○
2　○
3　○
4　○
5　×

> 연습문제

❶ 문형

1　① やすい
　　② られ
　　③ でも
　　④ やすい

2　① 見られ
　　② わかりやすい
　　③ いつでも
　　④ 話され

❷ 단어의 쓰임새

1　① 音
　　② 種類
　　③ 気軽に
　　④ のせ

2　① 何がいちばん好きですか
　　② すしの値段が高くなりました
　　③ すし屋が日本中にたくさんあります
　　④ このようなおもしろい言葉をたくさん使います

> 회화

① 回転ずし
② 高い
③ 店
④ 種類
⑤ 人気
⑥ もともと
⑦ 屋台
⑧ 気軽に
⑨ 戦争
⑩ 一度

7 部活動

> 독해문제

1　×

2　○
3　×
4　○
5　○

> 연습문제

❶ 문형

1　① なくてもいい
　　② ために
　　③ ほうがいい
　　④ なくてもいい

2　① 買うために
　　② 使わなくてもいい
　　③ 帰ったほうがいい
　　④ 就職のために

❷ 단어의 쓰임새

1　① 学んで
　　② 応援し
　　③ 伸ばす
　　④ 関心

2　① 全員がしなくてもいいです
　　② 部活動でいろいろな経験をしたほうがいい
　　③ 試合やコンクールのために、毎日夜まで練習する
　　④ 日本中の多くの人が関心を持って応援します

> 회화

① 部活動
② 練習
③ 上下関係
④ 学べた
⑤ 経験
⑥ 試合
⑦ 先輩
⑧ 演劇
⑨ ボランティア
⑩ 10代

8 お弁当

독해문제

1 ×
2 ○
3 ×
4 ○
5 ×

연습문제

❶ 문형

1　① し
　　② 買える
　　③ ている
　　④ し

2　① 読める
　　② 住んでいる
　　③ ないし，遅いし
　　④ 着られる

❷ 단어의 쓰임새

1　① 時々
　　② にとって
　　③ ごと
　　④ に向い

2　① 日本のお米は冷たくなってもおいしいので
　　② お弁当を買ってきて、家で食べることもあります
　　③ その地方まで行かないと食べられない
　　④ メニューの多さと値段の安さです

회화

① お弁当
② おかず
③ デパート
④ 習慣
⑤ からあげ
⑥ 定番
⑦ 一人暮らし
⑧ 種類
⑨ レストラン
⑩ 値段

9 お風呂

독해문제

1 ○
2 ○
3 ×
4 ○
5 ×

연습문제

❶ 문형

1　① しまう
　　② まま
　　③ しまう
　　④ おわる

2　① 休んだまま
　　② 死んでしまい
　　③ 作りおわって
　　④ 壊れてしまい

❷ 단어의 쓰임새

1　① よごれて
　　② 別々に
　　③ ためて
　　④ 払って

2　① 日本人はお風呂が好きだといわれますが
　　② お湯がきたなくなって、冷たくなってしまう
　　③ 洗い場で体をきれいに洗ってから湯船に入ります
　　④ 自分のタオルを持ったまま湯船に入ってはいけません

회화

① 温泉(おんせん)
② 入り
③ お風呂(ふろ)
④ お湯(ゆ)
⑤ ためて
⑥ 同じ
⑦ よごれて
⑧ 洗って
⑨ きたなくない
⑩ 銭湯(せんとう)

10 ことわざ

독해문제

1 ○
2 ×
3 ○
4 ×
5 ○

연습문제

❶ 문형

1 ① も
  ② ということ
  ③ はずがない
  ④ ということ

2 ① 3時間も
  ② つくはずがない
  ③ やめるということ
  ④ できるはずがない

❷ 단어의 쓰임새

1 ① 調(しら)べて
  ② がまんし
  ③ むだ
  ④ 結果(けっか)

2 ① ことわざには、動物(どうぶつ)がよく出てきます
  ② 価値(かち)がわからない人にいいものをあげてもむだだ
  ③ かならずいつかいいことがあります
  ④ 日本語の勉強もあきらめずに続(つづ)けていけば

회화

① 同じ
② ネコ
③ 小判(こばん)
④ 意味(いみ)
⑤ 価値(かち)
⑥ つらい
⑦ がまんして
⑧ 努力(どりょく)
⑨ むだ
⑩ 大切(たいせつ)

11 夏祭り

독해문제

1 ×
2 ○
3 ○
4 ×
5 ○

연습문제

❶ 문형

1 ① かた
  ② てくる
  ③ てもいい
  ④ かた

2 ① 休んでもいい
  ② 書きかた
  ③ 行ってくる
  ④ 使ってもいい

❷ 단어의 쓰임새

1　① イベント
　　② 集まっ
　　③ 合わせ
　　④ 開こ

2　① 安くて、着かたが簡単です
　　② 移動することができて、屋根がある小さなお店
　　③ たいこや歌に合わせて、みんなで丸くなって
　　④ とてもにぎやかで楽しいイベントです

[회화]

① 祭り
② 浴衣
③ 簡単
④ うすい
⑤ 色
⑥ 模様
⑦ 屋台
⑧ かき氷
⑨ 金魚すくい
⑩ 花火

12 若者言葉

[독해문제]

1　×
2　○
3　○
4　×
5　○

[연습문제]

❶ 문형

1　① だす
　　② かどうか
　　③ なくても

　　④ だす

2　① 知らなくてもかまわない
　　② 好きかどうか
　　③ 話しだす
　　④ 使えるかどうか

❷ 단어의 쓰임새

1　① 流行した
　　② 特に
　　③ 無視した
　　④ 選んで

2　① いやだと思う気持ちを表す言葉です
　　② だれかが使いだして、若い人たちを中心に
　　③ 特に意味はなくてもかまわないようです
　　④ 時代によって変化していくものです

[회화]

① 告白した
② 恋愛
③ 楽しんで
④ 若い
⑤ 中高生
⑥ 流行した
⑦ だれか
⑧ 正しい
⑨ 流行語
⑩ 時代

13 住宅

[독해문제]

1　×
2　○
3　×
4　○
5　×

연습문제

❶ 문형

1. ① さ
   ② たがる
   ③ のです
   ④ さ

2. ① あげているのだ
   ② 乗りたがって
   ③ 会いたがって
   ④ 暑さ

❷ 단어의 쓰임새

1. ① 聞こえ
   ② ほか
   ③ 奥
   ④ それぞれ

2. ① アパートが高級で、マンションが少し古い家
   ② ほかの部屋に入る時は、居間を通って
   ③ ほかの部屋の音が聞こえなくて静かです
   ④ 将来、どんな家に住みたいですか

회화

① 一戸建て
② マンション
③ 古く
④ 将来
⑤ 部屋
⑥ 集まれる
⑦ 居間
⑧ 聞こえない
⑨ 場所
⑩ 風呂

14 出前

독해문제

1 ×
2 ○
3 ○
4 ○
5 ×

연습문제

❶ 문형

1. ① に
   ② そう
   ③ ておく
   ④ そう

2. ① あったそう
   ② １週間に３回
   ③ 覚えておいて
   ④ 予約しておき

❷ 단어의 쓰임새

1. ① 増えて
   ② あまり
   ③ 先に
   ④ できあがっ

2. ① 出前が人気ですが、日本ではあまり多くありません
   ② 何か食べたいけれど、外には出たくない時に、出前を利用する
   ③ 家族や友達が集まることが多い週末やクリスマス、年末年始などにも
   ④ 方法は、電話で注文するのがふつうです

회화

① 出前
② そば
③ 注文しよう
④ 量
⑤ できあがる
⑥ 配達して
⑦ サービス

⑧ 予約
　よやく
⑨ 週末
　しゅうまつ
⑩ 集まった
　あつ

① 煙
　けむり
② 流れて
　なが
③ 吸う
　す
④ 自由
　じゆう
⑤ 周り
　まわ
⑥ 迷惑
　めいわく
⑦ バス停
　　　てい
⑧ 禁止
　きんし
⑨ 灰皿
　はいざら
⑩ 置いて
　お

15 歩きたばこ

독해문제

1 ○
2 ○
3 ×
4 ○
5 ×

연습문제

❶ 문형

1　① せられ
　　② つづける
　　③ せる
　　④ せられ

2　① 休ませ
　　② 飲ませられ
　　③ 話しつづけ
　　④ 勉強させられ

❷ 단어의 쓰임새

1　① 別
　　　べつ
　　② 決まり
　　　き
　　③ 迷惑
　　　めいわく
　　④ 周り
　　　まわ

2　① 吸うのは本人の自由です
　　　す
　　② たばこの火でほかの人がけがをするかもしれません
　　③ たばこを吸った人には罰金を払わせるようにしました
　　　　　　　　　　ばっきん　はら
　　④ 吸う人たちは、この決まりに反対しています
　　　す　　　　　　　き　　　はんたい

회화

16 消費税

독해문제

1 ×
2 ○
3 ○
4 ○
5 ×

연습문제

❶ 문형

1　① より
　　② ことに
　　③ ようと
　　④ より

2　① 行くことになり
　　② 使おう
　　③ 東京は大阪より
　　　とうきょう　おおさか
　　④ 出よう

❷ 단어의 쓰임새

1　① さらに
　　② 充実し
　　　じゅうじつ
　　③ かわりに
　　④ 上げ
　　　あ

2　① 消費税を入れた価格で表示することになりました
　　　しょうひぜい　　かかく　ひょうじ

② 消費税をさらに上げようとしています
③ 食品には消費税はかかりません
④ 税率が高いかわりに、教育や医療などの

회화

① 消費税
② 払わない
③ 負担
④ イギリス
⑤ かわりに
⑥ 無料
⑦ スウェーデン
⑧ 充実した
⑨ かかる
⑩ 上がる

17 サルカニ合戦

독해문제

1 ×
2 ×
3 ○
4 ○
5 ○

연습문제

❶ 문형

1 ① ことに
　② やる
　③ 育て
　④ ことに

2 ① 電話しろ
　② ダイエットすることにし
　③ やらなけれ
　④ 始めることにし

❷ 단어의 쓰임새

1 ① 落ち
　② 暮らし
　③ すべら
　④ かくれ

2 ① 食べるとなくなるけど、柿の種は、ずっと実がなります
　② 高いので、カニは実がとれません
　③ 木に登っておいしい実をぜんぶ食べました
　④ びっくりして玄関から出ようとしたら

회화

① おにぎり
② 柿の種
③ 交換して
④ 育て
⑤ なった
⑥ 投げて
⑦ 死んで
⑧ こらしめ
⑨ けが
⑩ 反省する

18 ハッピーマンデー

독해문제

1 ○
2 ×
3 ×
4 ○
5 ×

연습문제

❶ 문형

1 ① でしょう
　② のに
　③ としたら
　④ でしょう

부록　179

2　① あるとしたら
　　② 勝つでしょう
　　③ あるのに
　　④ 怒っているとしたら

❷ 단어의 쓰임새

1　① 残念
　　② 大事
　　③ せっかく
　　④ 増やす

2　① １年に10日くらい祝日があります
　　② 成人の日は、３日間の連休になります
　　③ 増えたので、ゆっくり休むことができます
　　④ もし祝日が日曜日と重なっても、休みが増えません

회화

① 海の日
② 祝日
③ 連休
④ うれしい
⑤ せっかく
⑥ ゆっくり
⑦ たとえば
⑧ ハッピーマンデー
⑨ 制度
⑩ 大事

19 少年犯罪

독해문제

1 ○
2 ×
3 ○
4 ○
5 ×

연습문제

❶ 문형

1　① はずだ
　　② ないわけには
　　③ というより
　　④ ないわけには

2　① 話さないわけにはいかない
　　② ペットというより
　　③ 来るはず
　　④ 知らないはずだ

❷ 단어의 쓰임새

1　① ぬすまれ
　　② 起こり
　　③ おさえ
　　④ なぐら

2　① 起こした事件は、だれの責任だと思いますか
　　② 大人と同じ罰は与えられません
　　③ もう一度教育をして、正しく生きるチャンスをあげます
　　④ 犯罪をおかす子どもの年がどんどん低くなっています

회화

① 増えている
② ぬすむ
③ なぐって
④ 事件
⑤ 法律
⑥ 守られて
⑦ きびしく
⑧ 減らす
⑨ 教育
⑩ 責任

20 イチロー

독해문제

1 ○
2 ○
3 ×
4 ×
5 ○

> **연습문제**

❶ 문형

1 ① として
　② ように
　③ かけ
　④ として

2 ① 食べられるようになり
　② 学生として
　③ 書きかけ
　④ 見るようになり

❷ 단어의 쓰임새

1 ① 次々
　　つぎつぎ
　② プロ
　③ シンボル
　④ 初めて
　　はじ

2 ① もらった賞金をすべて寄付しました
　　　　　　しょうきん　　　　　きふ
　② 打った210本のヒットは、今でもリーグ
　　う
　　記録として残っています
　　きろく　　のこ
　③ チームがある神戸市が大きな被害を受
　　　　　　　こうべし　　　　ひがい　う
　　けました
　④ 日本の人々にとって偉人の一人
　　　　　　　　　　いじん

> **회화**

① メジャーリーグ
② 世界
③ 打った
　う
④ 活躍して
　かつやく
⑤ バッター
⑥ 最年少
　さいねんしょう
⑦ 記録
　きろく
⑧ 被害
　ひがい
⑨ 寄付した
　きふ
⑩ 感動
　かんどう

메이겐 독해 일본어

스토리로 읽는 유명인의 말·말·말

名言

"장애는 불편할 뿐 불행한 것이 아니다"
— 오토타케 히로타다('오체불만족'의 저자)

"결과보다는 지금까지 노력하고 준비해온 자신을 자랑스럽게 여기자"
— 이치로(일본 야구 국민타자)

"사건은 회의실이 아닌 현장에서 일어나는거야"
— 아오시마 형사(영화 '춤추는 대수사선'에서)

"부모의 가치는 백억 엔을 붙여도 싼 것이다"
— 데즈카 오사무(만화 '블랙잭'의 저자)

- **흥미롭고 생동감 있는 주제**
  학자, 스포츠선수, 문학, 만화, 영화 등 유명인의 어록과 그 어록을 둘러싼 배경까지 소설을 읽듯 재미있게.

- **중고급 수준으로 어휘 실력 UP!**
  어휘 설명은 물론 중요 단어를 뽑아 日日辞典형식으로 심도있게.

- **N1수준의 중요문법과 생생 회화**
  본문 안의 중요 문법과, 실제 회화같은 생생 회화 수록.

조남성·김의영·田中祐助·飯塚知子·川端純一郎 공저
1, 2권 각 208면 | 13,000원(CD2장 포함)

일본어 완성 프로그램
다락원 일한 대역문고

일본어, 일한대역으로 완성하자!

「다락원 일한 대역문고」 시리즈는 일본 명문(名文)들을 쉽고 즐겁게 읽으며, 효과적으로 일본어 실력을 키울 수 있도록 구성된 일본어 완성 프로그램입니다.

「다락원 일한 대역문고」의 특징

수준별 · 장르별 골라 읽는 재미
일본 초 · 중 · 고등학교 국어교과서선부터 일본 근 · 현대 문학사에 한 획을 그은 소설까지 내 수준에 맞는 작품, 내 입맛에 맞는 작품으로 일본어 실력 UP!

언제 어디서나 사전 없이 OK
사전이 필요 없는 자세한 어휘 풀이, 알쏭달쏭 문형은 예문과 함께 체크, 언제 어디서나 즐겁고 간편하게 OK!

오디오CD로 청취력까지 쑥쑥
네이티브의 정확한 발음으로 녹음된 오디오CD로 독해력과 함께 듣기 능력도 UP!

초급
① 일본초등학교 1학년 국어교과서선
② 일본초등학교 2학년 국어교과서선
③ 일본초등학교 3학년 국어교과서선
④ 일본초등학교 4학년 국어교과서선
⑤ 일본초등학교 교과서 작품선
⑥ 일본 전래동화
⑦ 일본 옛날이야기
⑧ 일본의 재미있는 이야기
⑨ 일본 신화
⑩ 이솝 우화

중급
① 일본초등학교 5학년 국어교과서선
② 일본초등학교 6학년 국어교과서선
③ 일본중학교 교과서선 (上)
④ 일본중학교 교과서선 (下)
⑤ 미야자와 켄지의 주문이 많은 요리점
⑥ 은하철도의 밤
⑦ 고양이 비의 이야기
⑧ 어린 왕자 (上)
⑨ 어린 왕자 (下)
⑩ 마지막 수업

고급
① 일본고등학교 교과서선
② 미야자와 켄지의 첼로 켜는 고슈
③ 도련님 (上)
④ 도련님 (下)
⑤ 나는 고양이다
⑥ 아쿠타가와 류노스케의 라쇼몽
⑦ 다자이 오사무의 여학생
⑧ 근대명작단편소설선
⑨ 들국화의 무덤
⑩ 오 · 헨리 걸작선

다락원
www.darakwon.co.kr
Tel.(02)736-2031 (구입문의 250~252, 내용문의 460~466) Fax.(02)732-2037

다락원 일본어 독해
— 초급 —

지은이 古賀万紀子・青木優子
펴낸이 정규도
펴낸곳 (주)다락원

초판 1쇄 발행 2012년 8월 17일
초판 7쇄 발행 2024년 2월 15일

책임편집 송화록, 임혜련
디자인 구수정, 오연주

다락원 경기도 파주시 문발로 211
내용문의: (02)736-2031 내선 460~465
구입문의: (02)736-2031 내선 250~252
Fax: (02)732-2037
출판등록 1977년 9월 16일 제406-2008-000007호

Copyright © 2012, 古賀万紀子・青木優子

저자 및 출판사의 허락 없이 이 책의 일부 또는 전부를 무단 복제・전재・발췌할 수 없습니다. 구입 후 철회는 회사 내규에 부합하는 경우에 가능하므로 구입문의처에 문의하시기 바랍니다. 분실・파손 등에 따른 소비자 피해에 대해서는 공정거래위원회에서 고시한 소비자 분쟁 해결 기준에 따라 보상 가능합니다. 잘못된 책은 바꿔 드립니다.

ISBN 978-89-277-1054-7 18730
     978-89-277-1053-0 (set)

http://www.darakwon.co.kr

- 다락원 홈페이지를 통해 인터넷 주문을 하시면 자세한 어학 정보와 함께 다양한 혜택을 받으실 수 있습니다.
- 독해 본문 및 회화 해석, MP3(무료)는 다락원 홈페이지 학습 자료실에서 다운로드 받으실 수 있습니다.